Frédéric Beigbeder

ÉCRIVAINS D'AUJOURD'HUI

Frédéric Beigbeder

Éditions Léo Scheer

ENTRETIEN

Frédéric Beigbeder

J'APPELLE AU SECOURS ET JE DEMANDE PARDON

Entretien avec Angie David

Angie David : Avant de parler de votre dernier roman, *Au Secours Pardon*, paru chez Grasset (juin 2007), j'aimerais revenir sur chacun de vos livres pour faire ressortir les thèmes, les sujets, les obsessions et les modalités d'écriture qui les caractérisent. Nous pourrons ainsi définir ceux que l'on retrouve dans ce dernier opus. Par souci de simplicité, je reprends tout depuis le début et suis l'ordre chronologique d'écriture et de parution des livres. Votre premier roman, *Mémoires d'un jeune homme dérangé* (La Table Ronde, 1990), comprend déjà les dispositifs que vous déclinerez ensuite dans l'ensemble de vos livres. Comme le titre le suggère, vous avez immédiatement choisi le principe de l'autofiction, avec notamment la construction de votre premier double romanesque, Marc Marronnier (auquel succèdera plus tard Octave Parango). J'aimerais vous demander comment est venue l'idée et l'envie de devenir écrivain (après la publicité et le journalisme).

Frédéric Beigbeder : En fait, j'ai été publié avant d'être publicitaire puisque mon premier livre est sorti en 1990 et je suis entré dans une agence de pub l'année suivante. L'écriture romanesque est antérieure à la pub. Mais c'est vrai que j'étais chroniqueur mondain et noctambule avant de publier ce livre. Les conditions de la publication sont d'ailleurs liées à cela puisque Denis Tillinac, qui dirigeait et qui dirige toujours La Table Ronde, avait lu plusieurs papiers de moi qu'il avait trouvé rigolos dans *Globe* et *Glamour*. J'étais déjà critique littéraire. J'écrivais des articles sur Patrick Modiano, Françoise Sagan… Il s'était dit : « Tiens, appelons ce jeune homme » ; ce que d'ailleurs les éditeurs ne font plus, téléphoner à telle ou telle personne dont on a vu la signature dans un journal parce qu'on trouve qu'il a du talent, qu'il est marrant, un peu chien fou. Donc il m'avait demandé si j'écrivais un roman parce qu'il trouvait que j'avais un petit ton. En fait, je prenais des notes. J'ai toujours pris des notes. Je les ai rassemblées pour faire ce roman très court sur l'histoire d'un fêtard qui tombe amoureux ; ce qui sera par la suite le sujet de tous mes livres. C'est quand même toujours l'histoire d'un célibataire qui a peur d'être emprisonné, d'un Don Juan qui culpabilise, cette thématique de l'engagement à la fois politique et amoureux, de la difficulté du romantisme dans une époque hédoniste. Ce tiraillement est présent dès le premier roman. A posteriori, je m'aperçois que c'est une trilogie. Les trois premiers romans suivent le même personnage, ensuite je suis passé à une autre trilogie : avec *99 francs*, *Au Secours Pardon* et le prochain roman, qui sortira dans trois ans. Ce sera la trilogie d'Octave.

Windows on the World étant à mettre à part, c'est un livre différent, plus personnel sans doute. D'ailleurs, les Anglais ont publié ensemble les trois premiers romans dans le même volume. Ils trouvaient qu'ils étaient trop courts pour les publier séparément. Il y a un volume en Angleterre avec la trilogie de Marc Marronnier.

A. D. : Ce choix de l'autofiction s'est-il imposé tout de suite ? Pour quelles raisons ? Est-ce un désintérêt pour les œuvres d'imagination ou un besoin de se raconter ? De dévoiler votre intimité et de décrire le milieu dans lequel vous évoluez (éducation bourgeoise, grands lycées parisiens, études à Sciences Po, carrière dans la pub, dans le milieu littéraire, nightclubbing, drogues, filles sexy…) ?

F. B. : Je suis d'accord avec tout ce que vous venez de dire. Ce qui me déplaît, c'est le terme d'autofiction. Enfin, ça ne me déplaît pas, c'est juste que je ne théorise pas mon travail. Le terme d'autofiction est de Serge Doubrovsky et caractérise un exercice très particulier dans lequel le narrateur porte le nom de l'auteur. Là, comme c'est Marc Marronnier, ce n'est pas Frédéric Beigbeder. L'autofiction, telle qu'elle est définie par son inventeur, supposerait que tous mes livres aient pour héros Frédéric Beigbeder. Moi, je fais des romans qui s'inspirent de ma vie, où je la déforme, j'en rajoute beaucoup. J'ai, je l'espère, beaucoup plus de repartie dans mes livres que dans la vie. Marc Marronnier et Octave Parango sont des alter ego, des anti-héros à la fois losers et agaçants. Ce sont des fils de famille dépravés et en même temps des jeunes gens angoissés. Je me suis plus inspiré de quelqu'un comme Charles Bukowski que je lisais quand j'étais adolescent. Pendant toute son œuvre, il a choisi d'appeler son héros Henry Chinaski. Il a pris un nom qui lui ressemblait. Marc Marronnier, c'est parce que ma mère s'appelle Chasteigner et Marc est un de mes prénoms. Pour le coup, s'il faut faire de la théorie littéraire, c'est beaucoup plus proche du roman autobiographique : roman inspiré de faits réels et tableau de son époque. Par la suite, j'ai évolué. Là, c'est les années 90. Avec *99 francs*, je suis allé vers la caricature, la satire corrosive, politique. Les trois premiers romans sont effectivement plus autobiographiques. Philip Roth aussi, d'une certaine manière, avec Nathan Zuckerman, revient avec le même personnage à chaque fois, qui lui ressemble énormément, qui vit dans la même ville que lui, qui a sûrement les mêmes problèmes avec les femmes, avec ses origines juives… C'est une façon d'avoir un double que tu regardes, qui est une forme de miroir.

A. D. : Vous décrivez votre personnage de narrateur/double de l'auteur comme un traître doublé d'une tête à claques, indécis, ni de droite ni de gauche, « religieux pas très catholique » qui aime tout le monde. Aimez-vous vous dévaluer ou bien est-ce seulement l'usage d'un ressort comique classique ? Quels sont vos personnages (pas les auteurs) de référence ?

F. B. : J'ai une passion pour l'autodénigrement. Je trouve que c'est très élégant, agréable. Mon problème justement avec l'autofiction, c'est le nombrilisme : j'ai toujours peur quand je lis des auteurs comme Christine Angot. Ce qui m'effraie, c'est l'absence d'humour. En réalité, elle a de l'humour depuis son dernier livre, elle commence à se moquer d'elle-même et beaucoup des autres. C'est très important qu'il y ait de l'autodérision quand on ose parler de soi. Sinon, ça devient insupportable de prétention. Tous mes personnages s'autocritiquent, s'autoflagellent. Il y a beaucoup de culpabilité chrétienne là-dedans. Et aussi une forme de paranoïa qui consiste à précéder les critiques en les faisant soi-même. Pour prendre des personnages comme ça, il y a le *Petit Bourgeois* de François Nourissier : une manière très cruelle de se détruire. On trouve ça aussi chez Dostoïevski, les personnages du *Joueur* ou Raskolnikov dans *Crime et Châtiment*, par exemple, vont au-devant de leur propre catastrophe. Ils provoquent les cataclysmes qu'ils redoutent le plus pour pouvoir ensuite s'en plaindre et s'en lamenter. C'est très russe comme manière de faire. Je remarque que, dans mes livres, ce sont des personnages qui fuient ou qui créent des problèmes pour pouvoir ensuite les analyser. Ils sont totalement responsables de leur propre malheur.

A. D. : D'entrée de jeu, vous abordez la question du complexe physique, complexe qui justifie toutes les bêtises, lâchetés et vilenies de votre héros/anti-héros. Est-ce une véritable souffrance de « ressembler à William Hurt, en plus moche » pour un garçon aussi séduisant que vous et qui peut sortir avec les plus belles filles de Paris ? Ne serait-ce pas plutôt le reflet d'une ambiguïté sexuelle/identitaire, à l'origine de l'écriture ?

F. B. : Intéressant. Vous voulez savoir, en gros, si je suis un pédé refoulé ? Je pense que, de toute façon, à partir du moment où on a une conception esthétique et artistique, on est féminin. Sur le complexe physique, c'est vrai qu'au début de ma vie, je n'avais pas les belles filles. Maintenant, à force de travail et de souffrance, de solitude, d'abnégation et de télévision, j'ai réussi à obtenir l'attention des jolies femmes. Mais au départ, ce n'était pas gagné du tout. Il y a un certain nombre de râteaux et de vents dans mon passé qui m'ont peut-être servi à écrire. De toute façon, je pense que l'art sert à baiser, à draguer, c'est-à-dire à être aimé. C'est d'ailleurs le sujet du film de Louis Skorecki : *Les Ruses de Frédéric*, où j'interprète mon propre rôle… Je sais qu'il y a des auteurs qui diraient qu'ils sont là pour peindre le tableau de leur temps ou transformer la syntaxe ouralo-altaïque. Moi, je fais des pirouettes pour plaire. Je ne pense pas que ce soit se déprécier que de dire cela. Beaucoup d'auteurs auraient sûrement répondu la même chose, à commencer par Paul-Jean Toulet ou Guy de Maupassant. Certains auraient répondu : « j'écris pour l'argent », comme Dostoïevski ou Balzac qui faisaient vraiment ça pour le fric. D'autres le font pour niquer.

A. D. : Marc Marronnier aime sortir « comme tout le monde autour de lui ». Il devient chroniqueur mondain pour « joindre l'utile à l'agréable ». Considérez-vous que ces expériences de la nuit sont une véritable matière littéraire et que cette pratique journalistique a influencé votre écriture, en plus de votre personnage de dandy ?

F. B. : Au départ, j'ai longtemps cru ça. Les auteurs qui m'ont formé sont des auteurs qui sortaient beaucoup comme Antoine Blondin, Alain Pacadis, Yves Adrien ou Jean-Jacques Schuhl. J'étais fasciné à l'âge de 18-20 ans par des écrivains qui étaient alcooliques et nightclubbeurs. Ensuite, je suis remonté encore plus loin : Fitzgerald, Sagan,

Capote également... Toute une esthétique de la nuit, de la fête, de la mondanité. Ces auteurs me faisaient rêver, peut-être pour de mauvaises raisons. Une poésie de l'ivresse. Quand on est adolescent, on peut être attiré par des auteurs junkies comme William Burroughs ou Hunter Thompson. Je me suis vite aperçu que les auteurs qu'on étudiait à l'école n'étaient pas les plus rigolos et qu'il pouvait y avoir une sorte de rock'n'roll attitude dans la littérature, en passant par les paradis artificiels et la frénésie de la nuit. Il y a ça aussi, d'une certaine façon, chez Marcel Proust. C'est quand même bizarre que ce très grand écrivain ait été aussi longtemps obsédé par les salons du faubourg Saint-Germain et les bordels de la rue de l'Arcade, où se trouve le siège de votre maison d'édition ! J'ai réalisé qu'on pouvait s'amuser, sortir, se bourrer la gueule avec des copains sans pour autant être disqualifié en tant qu'écrivain. Quand je me suis rendu compte de ça, j'ai considéré que c'était une très bonne nouvelle.

A. D. : Quelques réflexes liés à votre formation Sciences Po sont visibles dans ce premier livre. Par exemple, les schémas décrivant les mouvements du sentiment amoureux. Vous les abandonnez rapidement, mais conservez un goût de la formule, du mot d'esprit, du jeu de langages. C'est une véritable obsession de la phrase, de la bonne phrase (« la Phrase de la Semaine »). Appréhendez-vous plus aujourd'hui l'écriture comme une matière informe à partir de laquelle on crée des figures, un « tohu » ?

F. B. : Ça doit venir de plusieurs choses. D'abord, la lecture de nombreux recueils d'aphorismes. Je ne sais pas pourquoi, enfant déjà, j'étais fasciné par les dictionnaires de citations, les recueils de pensées et de maximes, de La Rochefoucauld, Chamfort ou Cioran. Je me disais : un écrivain, c'est quelqu'un qui écrit une phrase. Pas un livre, une phrase. Et chaque phrase doit claquer, résumer l'univers en quelques mots qui sonnent juste. C'est devenu un défaut, je pense, à un moment parce que quand tu fais un paragraphe et que chaque phrase pourrait être un aphorisme, ça casse la lecture, ça coupe la fluidité. On le voit d'ailleurs chez les grands romanciers… Il y a cette phrase très connue de Flaubert qui dit que ce ne sont pas les perles qui font le collier, mais le fil. Donc, si tu passes ton temps à essayer de faire des feux d'artifice, des claquettes avec ton esprit, tu ne peux pas écrire un roman. Tu peux écrire des chansons, des recueils d'aphorismes et, bizarrement, je n'en ai jamais fait. *L'amour dure trois ans*, par exemple, est presque un recueil d'aphorismes, déguisé en roman. C'est toujours en raison de cette méthode de carnets. Comme je travaille avec des carnets, j'écris parfois ivre, très tard, ce qui me passe par la tête ; ça fait rarement plus de cinq à dix lignes. Puis je recolle tout ça pour en faire un livre... Alors, il y a des auteurs que j'aime bien qui font ça, comme Roland Jaccard ou Frédéric Schiffter, je trouve que c'est très agréable, mais ce ne sont pas des romanciers. C'est plutôt des carnets intimes, des fragments. En vieillissant, j'ai su qu'il fallait que j'apprenne à prendre mon temps, à installer un regard, à décrire tout simplement ce qui m'entoure. C'est à partir de l'an 2000 que j'ai évolué, je pense. *99 francs*, *Windows on the World* et *Au Secours Pardon* sont des livres plus amples.

A. D. : Vous utilisez la contrepèterie avec beaucoup de justesse et suscitez très souvent le rire chez le lecteur (vous avez un véritable sens du comique). Mais aussi beaucoup de figures de style : l'oxymore, le chiasme, l'ellipse ou la litote. L'autre procédé ludique et rigoureux que vous reprenez est celui des listes. Listes de ce que vous aimez, n'aimez pas, de ce que vous écoutez, lisez ou regardez, de ce que vous oubliez ou de ce dont vous vous souvenez. Êtes-vous un grand lecteur de Raymond Queneau et Georges Perec (les pataphysiciens) ?

F. B. : Bien sûr. Toujours dans l'idée que la lecture doit être ludique. Tous les auteurs que j'aime sont drôles. Il n'y a pas d'exception, c'est un principe absolu. J'ai beaucoup de mal avec les auteurs sérieux. Je pense qu'on serait étonné d'ailleurs de voir que parmi les auteurs dits sérieux, la plupart sont des comiques. Proust est hilarant, Kafka aussi, Faulkner et Joyce les premiers, ce sont quand même des burlesques. Donc, évidemment, je cherche à provoquer l'hilarité. Je suis toujours très flatté, par exemple, quand, voyant dans le métro ou dans un restaurant un lecteur avec un de mes romans, je regarde discrètement et je vois qu'il se marre. *L'Égoïste romantique*, je pense, est mon livre le plus drôle ; les gens se poilent en le lisant et ça me rend vraiment heureux. Un peu comme si j'étais sur la scène d'un café-théâtre en train de faire le clown et que le public rigolait ; ça me fait très plaisir. C'est toujours cette idée de séduire, c'est maladif. Ce n'est peut-être pas très ambitieux, mais en écrivant je veux avoir du plaisir et j'espère que c'est contagieux. Alors, c'est vrai qu'au fur et à mesure, j'essaye de sortir de la blague systématique. Queneau et Perec, c'est très juste, le Queneau d'*Exercices de style* et le Perec de *Je me souviens*. Mais si on prend une grande influence, c'est Frédéric Dard. J'ai dévoré San Antonio entre 14 et 30 ans. C'est un génie de l'humour, de la trouvaille verbale, de l'invention lexicale. Il y a une liberté dans la langue de San Antonio qui a eu beaucoup d'influence sur mes premiers romans.

A. D. : Dans votre deuxième livre, *Vacances dans le coma* (Grasset, 1994), vous citez déjà *Rose Poussière* de Jean-Jacques Schuhl. C'est un des écrivains contemporains qui vous ont le plus inspiré. Est-ce pour le contexte qu'il décrit (fêtes parisiennes du début des années 80) et l'écriture en collage, cette capacité à mythifier dans la littérature les gens, les objets, les lieux et les époques ?

F. B. : Je n'ai jamais écrit sur autre chose que le présent. En essayant de ne pas être trop narcissique, je parle de ce qui se passe autour de moi, des milieux dans lesquels je gravite, des gens que je vois à la télé, des pubs que je regarde dans la rue. J'aime citer des journaux, des bars, des restaurants, des boîtes de nuit. Face à l'accumulation de réel qui envahit mes romans, et qui doit beaucoup aux textes de Jean-Jacques Schuhl, on peut soit considérer que ce sont des textes qui vieilliront très vite, soit au contraire que, comme les tableaux d'Andy Warhol ou les collages de Rauschenberg, ce sont des manières de rendre éternel le fugace. Tout d'un coup, en inscrivant l'Élysée-Matignon dans *Vacances dans le coma*, cet endroit est ouvert pour toujours, c'est une boîte où on peut aller en allant dans ce livre. C'est une façon de retenir le passé et c'est également assez fétichiste, angoissé. C'est une manière de dire : « Je vais citer des noms propres pour les rendre immortels. »

A. D. : Le récit d'une nuit dans la plus grande boîte de Paris, découpé heure par heure, est l'occasion d'expliquer votre rapport à la fête, à l'alcool et à la drogue qui arrivera plus tard (vous êtes un drogué tardif). Extrêmement sujet à l'angoisse, vous refusez qu'elle s'installe et gobez systématiquement un médicament pour l'arrêter. Vous refusez la souffrance. C'est aussi votre rapport à la mort qui est en jeu : vous oscillez en permanence entre la peur de mourir et l'envie de vous suicider.

F. B. : Je crois que les gens qui refusent de se coucher la nuit sont des gens qui ont peur de la mort parce qu'ils pensent que dormir, c'est déjà mourir. Je suis un « couchophobe », je refuse d'aller me coucher parce que je veux vivre plus longtemps. Tout part de là, il y a une espèce de peur de l'au-delà, de la disparition, et en même temps une attirance pour l'autodestruction. Ce sont des thèmes assez classiques. La boîte dans *Vacances dans le coma* s'appelle Les Chiottes – ça ressemble à un mélange de plusieurs boîtes qui existaient : Les Bains, L'Apocalypse… C'est peut-être le livre qui parle le plus de la mort de tous ceux que j'ai faits. D'ailleurs, les clients de cette boîte meurent noyés à trois heures du matin quand le DJ tire la chasse d'eau géante. En fait, c'est marrant parce que j'ai souvent été qualifié d'écrivain naturaliste, post-naturaliste alors que, dans tous mes livres, il y a des choses complètement irréelles. Il y a souvent de l'imagination. C'est pour ça que je récuse le terme d'autofiction, parce qu'il y a souvent plus de fiction que d'auto... Dans *99 francs*, à la fin, on part dans un délire sur une île fantôme avec des morts-vivants. À la fin de mon dernier roman, c'est carrément le délire. J'aime bien prendre un point de départ ultra-réaliste et ancré dans l'époque, pour en faire petit à petit quelque chose d'onirique.

A. D. : Cette ambivalence vous conduit à tout le temps déprécier ce que vous aimez, comme pour vous en dégoûter. Vous êtes anxieux alors que vous n'avez pas de véritables soucis. L'écriture est-elle un moyen de dépasser les apparences et de trouver ce qui cloche derrière ce soi-disant bonheur ? Ou tout simplement de tuer l'ennui ?

F. B. : C'est vrai que c'est bizarre d'avoir besoin d'écrire quand on n'a pas une jambe en moins. Je me demande tout le temps pourquoi j'écris. Je pense que c'est important de se poser la question à chaque fois qu'on entame l'écriture d'un roman ou d'une nouvelle. Pourquoi ajouter un texte de plus à la bibliothèque universelle ? Est-ce bien la peine ? Mes détracteurs répondront : « Non, ce n'est pas la peine. Rentre chez toi Freddy. » Je ne peux jamais commencer un livre sans me poser la question et c'est d'ailleurs assez mystérieux. Je ne sais pas pourquoi je me mets à parler de mon métier, de la nuit, de mon divorce ou de la Russie, ou encore du 11-Septembre. Les livres viennent par un chemin étrange, ils trouvent une sorte de nécessité. C'est peut-être ma méthode de travail qui provoque ça. Comme je note dans des carnets ce qui passe dans mon cerveau malade, quelquefois, au bout de deux, trois ou quatre ans, je m'aperçois que je parle toujours de la même chose. Et c'est là qu'intervient la décision d'en faire un livre. Je ne crois pas que ce soit pour fuir l'ennui, c'est juste que si je suis toujours en train de parler de quelque chose : la difficulté d'aimer ou d'être aimé, la recherche d'une identité, d'un sens à la vie, ça revient à faire ma propre analyse. J'aime bien aussi dénoncer le bonheur factice que la société veut nous vendre. Je crois qu'au fond, c'est ça mon moteur. Tous mes livres parlent de types qui devraient être heureux parce qu'ils ont tout : du pognon, une belle maison, une jolie nana. Ils ont les apparences capitalistes du bonheur, les apparences publicitaires du bonheur. Cependant, ils prennent un papier et un crayon, et ils se mettent à dire que ça ne va pas du tout. C'est un peu ça dans tous mes livres. Finalement, je suis un grand marxiste-léniniste, un ultra-révolutionnaire !

A. D. : Premier succès de librairie, *L'amour dure trois ans* (Grasset, 1997) est extrêmement structuré. Les titres, les phrases en exergue, les courts chapitres forment des aphorismes et rythment le livre. Entre Fitzgerald et Sagan, les phrases sont courtes, légères et pourtant imprégnées de mélancolie. Marc Marronnier chante le *Beau Bizarre* de Christophe et est « au bout du rouleau ». Il fête son divorce et ce nouvel échec amoureux le désespère. C'est donc le troisième volet d'une trilogie sur le mariage, l'échec, la déception de l'amour et du couple.

F. B. : On peut dire aussi que c'est un livre qui doit beaucoup à des lectures anciennes : *Adolphe* sûrement, *Tendre est la nuit* ou *Gatsby le Magnifique*. Ce n'est pas nouveau, mais au moment où la perfection d'un mariage pur et innocent s'effondre, il y a une dépression qui inspire. Angelo Rinaldi dit que tout roman est une dépression nerveuse dominée par la grammaire. C'est le livre où je me suis pour la première fois vraiment remis en question. Les romans précédents sont très légers, très frivoles, l'histoire d'un garçon un peu étourdi qui se fuit dans la fiesta. Alors que *L'amour dure trois ans* est peut-être mon premier livre profond. Je ne sais pas, c'est difficile pour moi d'analyser mon travail.

A. D. : Le style élégant – celui du dandy – de votre écriture vient-il de cette confrontation entre l'humour et le pathétique ? Seriez-vous l'auteur, à la manière de Mylène Farmer, d'une littérature « désenchantée » propre aux années 90 ?

F. B. : Merci pour la référence à une chanteuse que j'aime beaucoup ! *L'amour dure trois ans* est un livre qui date de 1997, qui a donc dix ans, et que j'ai relu récemment parce que je suis en train d'en faire l'adaptation pour le cinéma. La plupart des aphorismes ou des constats qui sont faits restent d'actualité. J'ai remarqué dans la presse féminine, mais aussi dans *Le Monde*, des études statistiques sur le nombre de divorces : la durée de l'amour reste la même. Il y a une malédiction contemporaine qu'on pourrait résumer en disant que la société actuelle est organisée pour détruire l'amour durable. L'amour durable est rendu impossible aujourd'hui. C'est un phénomène passionnant pour un romancier. Et je crois que c'est nouveau, auparavant les gens, les structures familiales et religieuses maintenaient une hypocrisie. Les mariages tenaient. C'est un sujet inépuisable.

A. D. : Vous faites un état des lieux du mariage qui ne serait que mensonge et illusion. Pour vous, c'est une source d'insatisfaction et d'infidélité – d'inconstance. Vous brisez le mythe de l'amour éternel et lui imposez un nouveau régime : l'amour dure trois ans. L'amour est-il l'objet d'une passion, un objet inaccessible que l'on se refuse ?

F. B. : Je cherche la beauté dans mes livres. Si on est artiste ou écrivain, c'est pour ça, pour chercher quelque chose d'absolu, de supérieur, de transcendant, de romantique. Je suis tiraillé entre ma lucidité cruelle, qui vient d'un goût pour l'ironie permanente, et l'enthousiasme naïf d'un enfant qui bande, comme dit Barthes. Il dit que l'amoureux est un enfant qui bande dans les *Fragments d'un discours amoureux*. À partir de *L'amour dure trois ans*, mes livres sont à lire au premier et au deuxième degré. C'est un jeu permanent entre des pulsions de sincérité, de désespoir et d'un romantisme proche du ridicule. La conscience de ce ridicule et, en même temps, la protection derrière des vannes. Mais c'est intéressant parce que je crois que ça reflète bien la génération qui est la mienne. On est bien sûr capable de foi, de croire et pourtant, sans arrêt, notre époque nous casse les reins et nous interdit l'enthousiasme.

A. D. : Je fais de la psychanalyse sauvage : vous avez la sensation de reproduire les mêmes erreurs que vos parents (qui ont divorcé quand vous étiez petit) et les vôtres perpétuellement, donc tous les trois ans. De ne jamais avancer, grandir, changer. Vous comparez souvent ce mouvement avec le mythe de Sisyphe. Dans la même logique, considérez-vous que vous écrivez toujours le même livre ?

F. B. : C'est le cas de la plupart des auteurs que j'aime. J'essaie de changer d'angle, de trouver des façons nouvelles d'aborder cette réalité dans laquelle je suis et qui est, en fait, la contradiction entre un mode de vie dont je profite et qui me plaît énormément – confort bourgeois, folies nocturnes et hédonisme effréné – et la critique de ce mode de vie. La critique de ma vie. Il y a un auteur que j'admire qui s'appelle Bret Easton Ellis et qui ne sort jamais de cette ambiguïté. Je trouve intéressant de se dénoncer en permanence, de se dénoncer soi-même sans rien faire pour y changer quoi que ce soit. Si on lit tous mes livres d'un coup, comme vous venez de le faire, on peut se dire : « Le pauvre, ça tourne en rond. Il est impuissant, il se plaint et en même temps il se complaît. » Eh bien, oui. Ça ne sert à rien ou peut-être juste à montrer un état des lieux de notre monde.

A. D. : Un constat : vous croyez être Laclos et vous êtes Musset. Derrière le visage de Valmont, se cache un incorrigible romantique. Vous vous excusez d'ailleurs auprès du lecteur de vous plaindre autant, lamentation qui est pourtant le propre de la littérature (même décadente).

F. B. : Comme je le disais sur *Le Joueur*, c'est quand même un des grands thèmes de la littérature de provoquer des situations inextricables pour pouvoir ensuite les décortiquer, s'en plaindre. Créer des souffrances pour pouvoir ensuite dire qu'on souffre. Effectivement, je ne parle pas de la vraie misère, je crée plutôt la mienne. Cela posé, les questions profondes, « qu'est-ce qu'on fout là ? » ou « comment faire pour être heureux ? », sont des questions qui concernent tout le monde, riches ou pauvres.

A. D. : Souvent, vous jouez avec les règles de séparation entre l'auteur et le lecteur : vous vous mettez en scène dans le récit, en concurrence avec votre double romanesque. C'est une technique irrévérencieuse qui permet de gagner la complicité du lecteur.

F. B. : J'aime bien donner des coups de coude à mon lecteur. Ce sont des facéties, plus présentes dans les premiers livres que dans les récents. Une sorte de potacherie. Ce sont des défauts de jeune romancier, je constate d'ailleurs que beaucoup de premiers romans que je reçois sont comme ça. On prend à témoin, à parti le lecteur. On croit avoir inventé ces choses alors qu'elles sont déjà usées. Ces blagues-là ont été faites par Molière, il y a très longtemps : les apartés vers le public. Ce n'est pas ce qu'il y a de plus intéressant. En même temps, il ne faut pas se priver. J'aime bien, je crois que c'est dans *Pierrot le fou*, quand Belmondo s'adresse à la caméra et dit : « Si vous n'aimez pas la campagne, si vous n'aimez pas la mer eh bien je vous emmerde. » Godard aussi s'est amusé et je pense que c'est typique des premières œuvres où on n'ose pas se prendre trop au sérieux. On se protège par l'humour. C'est une forme de politesse aussi. Je trouve ça tellement hallucinant d'écrire et d'être publié, ce n'est pas de la fausse modestie, je trouve ça vraiment hallucinant. Quand tu regardes les livres qu'il y a chez moi, d'avoir les siens sur les mêmes étagères me paraît complètement absurde et démesuré. Donc, je me sens obligé par courtoisie de me moquer sans arrêt de cette situation du grand auteur qui parle à ses lecteurs.

A. D. : La solitude vous fait peur (la peur est d'ailleurs un sentiment essentiel chez vous) : vous pensez finir comme Barnabooth à Florence, Byron à Venise ou le panda du zoo de Vincennes. Il est normal que la vie soit une pièce de théâtre, mais elle manque, à votre sens, de personnages. Écrire permet-il de s'entourer ?

F. B. : En France, il y a encore un respect pour l'écrivain. Quand on publie régulièrement des romans, on se fait des amis, on rencontre des gens, on plaît aux femmes. Ça continue de marcher ce truc-là. Après, quand les livres ont du succès, qu'ils sont traduits à l'étranger, c'est encore plus rigolo parce qu'on voyage dans plein de pays inconnus. Il y a aussi les personnages de mes romans. Ce sont des histoires d'amour et d'amitié avec un ou deux meilleurs amis mecs qui d'ailleurs s'échangent souvent leurs copines ou se les piquent, ce qui est une manière pour les mecs de coucher ensemble.

C'est une activité très bizarre d'écrire. Au fond, je trouve ça très bizarre et je ne comprends pas pourquoi j'écris. J'essaie de me tenir chaud, d'être moins seul quand je travaille en créant des dialogues. L'activité d'écrire est quand même ce qu'il y a de plus terrible dans le domaine de la solitude. Il y a différentes manières d'orienter les choses. J'aurais pu me mettre, comme Beckett, à écrire des bribes de plus en plus brèves, de plus en plus concises. Pourquoi pas ? Il se trouve que c'est plutôt parti dans la direction inverse avec des décors féeriques, des femmes sublimes, des lieux splendides, des drogues hallucinogènes et des ivresses sordides.

A. D. : Seul recueil de nouvelles que vous ayez écrit, sur une drogue que vous avez prise pendant assez peu de temps, *Nouvelles sous ecstasy* (« L'Infini »/ Gallimard, 1999) mélange un style lyrique et des sujets « white trash ». C'est l'introduction de l'ecstasy dans la littérature, après le haschich de Baudelaire, l'opium de Cocteau, la mescaline de Michaux, l'héroïne de Burroughs, le LSD de Wolfe, la coke de Bret Easton Ellis et le bourbon de Bukowski.

F. B. : Et la bière aussi chez Bukowski. Je me suis dit qu'il y avait un créneau à prendre. Personne ne l'avait fait. Si, Irvine Welsh l'a fait, mais l'année suivante. J'étais donc antérieur à Irvine Welsh, j'étais très fier de ça. L'introduction du MDMA dans la littérature contemporaine. Cette drogue qui datait de 1984-1985 n'avait pas encore eu droit de cité dans le roman et la nouvelle, donc je m'y suis mis. C'est vrai que je trouve que c'est une drogue beaucoup trop forte pour moi, beaucoup trop émouvante, qui me rend très dépressif. J'ai arrêté, mais c'était intéressant d'écrire en état second. La première nouvelle du livre est entièrement sous forme de questions, ce qui prouve que cette drogue donne envie de s'en poser beaucoup. Il y a une distorsion du langage. Il y a une autre nouvelle où chaque phrase est séparée de la suivante par deux points. En fait, l'ecstasy modifie la ponctuation. La cocaïne fait faire des phrases courtes, l'alcool fait faire des phrases longues, eh bien l'ecstasy a une grande influence sur la ponctuation. C'est le constat qu'on peut en tirer.

A. D. : Vous dites préférer la culpabilité à la frustration. Est-ce par goût du sado-masochisme mystique, cœur d'un de vos romans de chevet, *Histoire d'O* ?

F. B. : Mon éducation catholique est évidemment au centre de la plupart de mes romans et, on y viendra, c'est le cœur d'*Au Secours Pardon*. C'est peut-être le vrai ressort de tous mes livres : la culpabilité d'être heureux ou la honte de vivre dans un environnement confortable, l'obscénité de ce mode de vie alors que le reste de la planète meurt et se détruit. On en vient par culpabilité à se détruire, pour faire comme le reste de la planète finalement. L'espèce humaine est menacée alors précédons, déclenchons la fin du monde immédiatement. L'apocalypse, c'est ce soir. Je reviens aux Russes, mais je pense que la culpabilité est le moteur de beaucoup d'écrivains que j'aime. Dans Dostoïevski, il y a tout le temps ça. *Crime et Châtiment*, c'est quand même l'histoire d'un meurtre dont le protagoniste principal sait qu'il le fait pour culpabiliser, pour en avoir honte. On peut se servir de la culpabilité comme d'un outil littéraire, comme d'un carburant pour l'écriture. Ça peut être la culpabilité d'être venu au monde, d'avoir de l'argent ou de l'adultère. On trompe sa femme, on est infidèle pour écrire un livre. La fin justifie les moyens. La finalité, c'est de raconter tout ça.

A. D. : Le très grand succès de *99 francs* (Grasset, 2000) s'explique en partie par la puissance d'une véritable satire de notre époque. On critique ce dans quoi on vit et auquel profondément on adhère puisque c'est notre monde. C'est un « mouvement perpétuel de l'appétit au dégoût et du dégoût à l'appétit » ?

F. B. : Vous citez Bossuet, que Gainsbourg avait également cité dans *Anna*. *99 francs*, c'est exactement ça : l'itinéraire d'un gars qui passe de l'appétit au dégoût. C'est très important d'être capable de contester le système actuel de l'intérieur. Il y a un permanent opprobre jeté sur les gens qui osent critiquer leur époque sans être dans un monastère. On devrait être un ermite pour pouvoir librement contester le capitalisme. Je crois que c'est faux, que c'est très important au contraire d'être informé sur notre monde, notre réalité économique, pour pouvoir le décrire avec drôlerie, méchanceté et lucidité. C'est avant tout un livre comique, assez trash. Je ne sais pas comment en parler. C'est vrai que c'est un livre qui a complètement changé ma vie. J'ai été viré de mon boulot, j'ai connu le succès, j'ai voyagé beaucoup, le livre a été traduit dans trente-cinq langues et, en même temps, le succès ne rassure pas. Au contraire, je crois que le succès fout les chocottes.

A. D. : C'est un jeu de massacre avec les codes de la publicité (Danone devient Madone), vous dénoncez par le biais d'une mise en abyme la manipulation des masses. Votre nouvel héros, Octave Parango (qui a succédé à Marc Marronnier, devenu un vieux publicitaire sur le retour), écrit un roman, pendant les heures de bureau, pour dénoncer cette supercherie du glamour. Plus qu'une autocritique, c'est une confession pour tenter de « sauver son âme ».

F. B. : Toujours la culpabilité d'appartenir au système que l'on déteste. À l'époque, j'étais en colère, j'étais frustré de regarder ce pouvoir que personne ne contrôle. C'est ça les marques : il n'y a jamais un centre du pouvoir parce que les publicitaires renvoient la responsabilité aux annonceurs, les annonceurs renvoient la responsabilité aux actionnaires, les actionnaires disent que c'est la faute des consommateurs et les consommateurs disent que c'est la faute des publicitaires. Ce système capitaliste n'est pas dirigé. Nous vivons dans un monde qui est en train de se suicider, mais il n'est pas dirigé. Personne ne contrôle la planète. C'est amusant d'imaginer que la planète est un avion sans pilote. C'est un livre très nihiliste qui, j'espère, fait grincer des dents. Là aussi, c'est un mystère. D'où vient un livre ? Je n'en sais strictement rien. Je sais qu'à l'époque, je travaillais dans ce métier depuis dix ans. J'étais très énervé parce que mes clients ne voulaient pas acheter mes idées et qu'ils prenaient les plus connes, les plus nulles par mépris pour le public. Au fond, s'ils avaient pris les meilleures idées, ils auraient manipulé encore plus les masses. J'étais un publicitaire revanchard plutôt qu'un Che Guevara en Gucci.

A. D. : Vous utilisez des méthodes révolutionnaires : celles de l'entrisme (entrer dans un secteur pour le dynamiter de l'intérieur), puis vous provoquez l'échec pour en ressortir vainqueur. Plutôt que de démissionner, vous préférez vous faire virer, recevoir les indemnités et écrire un livre qui devient un succès. C'est une stratégie de qui perd gagne ?

F. B. : Ce n'était pas aussi planifié que ça. Dans le livre, je dis que je l'écris pour me faire virer et il se trouve que c'est ce qui est arrivé. Mais je n'avais pas tout organisé à ce point-là. La chose la mieux organisée dans toute cette affaire, c'est le titre du livre. L'idée de faire un roman dont le titre est son prix de vente résume tout. Que tout est devenu produit, consommation, que les êtres humains comme les œuvres d'art ne sont plus définis que par leur prix, leur salaire ou leur ticket de caisse. Symboliquement, je crois que c'était un geste intéressant. Après, le livre est assez manichéen. Quand je le relis aujourd'hui, il y a des choses qui me déplaisent : comme de comparer des publicitaires à des nazis.

A. D. : Ce n'est pas inintéressant. D'ailleurs, vous reprenez ce thème dans le dernier roman. Octave Parango se définit comme une « grosse crapule » et non comme un « gentil narrateur » parce qu'il a collaboré. Goebbels était selon lui le plus grand publicitaire de l'Histoire. Convaincu qu'il ne sert plus à rien de résister – même avec les méthodes de l'entrisme –, il se dit que le mieux est de « foutre le camp » comme Rimbaud. Conception post-moderne de la révolution : on ne peut faire de l'entrisme dans du vide. Vous adoptez une attitude chevaleresque : vous êtes seul contre tous puisque aucun appareil politique ne bénéficie de votre combat. Considérez-vous que c'est une posture de l'écrivain contemporain, proche par exemple de celle de Michel Houellebecq ?

F. B. : J'ai tout de même soutenu le Parti communiste à l'époque… Houellebecq, lui, a vraiment fui en Irlande et en Espagne, alors que moi je suis toujours à Saint-Germain-des-Prés. Il y a quand même une différence. C'est là où il ne faut pas me confondre avec Octave. Le héros de *99 francs* est beaucoup plus courageux que moi. Mais s'il faut choisir entre être à l'intérieur et impuissant ou être à l'extérieur et impuissant je trouve plus passionnant d'être à l'intérieur. Puisque, de toute façon, on est impuissant. L'avantage d'être à l'intérieur, c'est qu'on peut regarder ce qu'il se passe et le décrire. En exergue du livre, il y a une phrase de Fassbinder qui dit : « Ce qu'on est incapable de changer, il faut au moins le décrire. » C'est une mission qu'on peut donner aux écrivains. Montrer tout ce qu'on voit, c'est le minimum. Est-ce que ça aura des conséquences ou pas, je n'en sais rien. Ce livre-là a eu un impact, pour des raisons étranges, dans beaucoup de pays. Les gens ont ri en le lisant. Ils se sont peut-être mis à regarder les publicités différemment. Ça n'a pas duré très longtemps. Comme si un livre de fiction pouvait un petit peu secouer les gens. Je ne suis pas sûr que le rôle du roman soit de changer le monde, mais au moins de le regarder.

A. D. : Décrire dans un roman le monde de la pub (la pub est une guerre, la littérature une contre-révolution) vous permet d'utiliser différents niveaux de discours : slogan (ou plutôt titre ou accroche), jargon, citation, critique, dialogue, narration…

F. B. : Ça vient beaucoup de Jean-Jacques Schuhl, des auteurs qui ont cité des pubs. Perec aussi citait des pubs dans *Les Choses*. Proust aussi ! J'aime bien que la littérature s'empare de tout ce qui existe. Pas seulement, comme je l'avais fait dans *L'amour dure trois ans*, raconter la destruction d'un amour d'une manière aphoristique et élégante, mais aussi, de temps en temps, saisir l'époque. Je pense que si on veut connaître l'an 2000 aujourd'hui, il y a plusieurs livres : on peut se reporter aux *Particules élémentaires*, c'est une très belle photographie de l'époque. *99 francs* montre bien, sans doute, un état d'esprit, une sorte de schizophrénie qui était la nôtre et qui l'est encore sept ans plus tard. C'est la fin des idéologies, des utopies, ça parle du fascisme, du nazisme, du communisme. Je me souviens d'un essai de Fukuyama qui parlait de la fin de l'Histoire. Il y avait une nouvelle utopie : la mondialisation, le capitalisme dans un seul pays qui est la planète terre. Peut-être est-ce un roman altermondialiste. Mais altermondialiste tout en ayant une belle voiture qui pollue l'atmosphère.

A. D. : Il y a toujours, dans vos romans, une femme principale qui partage la vie du narrateur, avec d'autres femmes en parallèle (le plus souvent des lolitas). C'est un fil conducteur, un repère qui permet au personnage de rester ou de fuir, d'aimer ou d'abandonner, d'hésiter. Quand il est avec elle, il veut être ailleurs, quand il l'a perdue, elle lui manque. Est-ce un moyen de créer une tension dramatique ?

F. B. : Je ne conçois pas l'écriture d'un roman sans une histoire d'amour. Pour moi, un bon roman, comme un bon film, doit avoir une histoire d'amour. Je ne sais pas pourquoi, c'est indispensable. Je ne vois pas l'intérêt d'écrire un livre où il n'y ait pas une splendide créature dont le héros tombe fou amoureux, puis elle le quitte ou il la quitte, il souffre, ils se trompent et se retrouvent. D'ailleurs, c'est présent dans les livres que j'aime. Il y a toujours une femme inaccessible qu'on finit par essayer de conquérir et de maltraiter ensuite. Ce n'est pas conscient. Ça me paraît juste plus beau comme ça.

A. D. : Octave est sur le point d'être le père d'une petite fille. L'époque de l'écriture de *99 francs* correspond-elle à la naissance de Chloë ?

F. B. : Oui, Chloë est née en 1999. De même que Marc Marronnier était angoissé par le couple, Octave est angoissé par la paternité. Il voit ça comme un enfermement, une prison. Il a peur de ne pas assurer. C'est toujours cette espèce d'inquiétude. Il faut dire que ce que je raconte est un épicurisme ultra-violent, c'est toujours la quête du plaisir. Et ce n'est pas forcément compatible avec une seule femme ou l'éducation d'un enfant.

A. D. : La fin est atroce, excessive, absurde. La satire sociale ou roman réaliste tourne au fantastique : on est dans un thriller gore.

F. B. : C'était déjà le cas, on en a parlé, avec *Vacances dans le coma* qui se finissait dans l'apocalypse, un suicide collectif, des scènes sado-masochistes assez violentes dans les toilettes de la boîte. Et là, il y a le meurtre d'une vieille dame en Floride, plusieurs suicides, Octave finit en prison et ça se termine sur une île qui s'appelle Ghost Island où toutes les personnalités que l'on croit mortes vivent ensemble en cachette. Soit j'abusais de substances prohibées qui provoquaient cette irruption d'irrationalité, soit c'est un besoin parce que les vraies satires me semblent souvent fantastiques. On a ça chez Jonathan Swift, par exemple. Chez Rabelais aussi. Il faut dans la satire, à un moment, quitter le réalisme. Le point de départ devait être extrêmement réaliste avec des citations de marques, des chiffres incontestables, des statistiques. Mais quand on voit que le budget de certains pays équivaut au chiffre d'affaires de certaines entreprises, c'est déjà du fantastique. C'est un livre dont le but est de montrer que ce qu'on estime normal est anormal.

A. D. : Dernier inventaire avant liquidation (les cinquante livres du siècle choisis par des lecteurs de la FNAC et du *Monde*) permet d'évoquer votre rôle de critique littéraire dans la presse, à la radio et à la télévision. Vous êtes leader en tant qu'écrivain, mais aussi en tant que critique : les lecteurs suivent vos recommandations et beaucoup de livres ont été lancés grâce à vous.

F. B. : Maintenant, je le fais un peu moins, je fais juste une page dans *Lire*. Mais pendant neuf ans, j'ai écrit une page toutes les semaines dans *Voici*, j'ai travaillé à *Elle*, au *Figaro littéraire* et j'ai même parfois écrit dans *Le Monde*. Je trouve que quand on s'intéresse à une forme d'expression, il faut s'y intéresser à fond. Un écrivain qui est critique littéraire, ce n'est pas pour avoir le beurre et l'argent du beurre, mais simplement parce que pour faire son travail d'écrivain, il a besoin de savoir ce qui existe. Comme un peintre qui va dans des galeries d'art pour voir ce que font ses confrères. L'écriture et la lecture, pour moi c'est la même chose. Quand j'écris, j'écris le livre que j'ai envie de lire. C'est pour ça qu'il m'a semblé logique de commencer en même temps que la publication de mon premier roman, même un petit peu avant, à parler des livres que je recevais. Pendant un temps, j'étais éditeur, c'était plus compliqué.

A. D. : Effectivement, en plus de l'écriture et de la critique, vous avez exercé le métier d'éditeur chez Flammarion (où vous avez notamment créé la revue *Bordel*) : vous êtes une figure du milieu littéraire complète. Parlez-moi des auteurs que vous avez publiés. Écrirez-vous un roman sur ce domaine professionnel ?

F. B. : Sûrement, ce serait intéressant. Mais peut-être plus un film qu'un roman. Un roman sur l'édition, ça me paraît tautologique. Je suis très heureux d'avoir publié tous les auteurs que j'ai découverts, je pense à Simon Liberati, Pierre Mérot, Paul Jimenes, Thierry Consigny, Fabrice Lardreau, Lola Lafon ou Philippe Pollet-Villard. *L'homme qui marchait avec une balle dans la tête* est un livre qui n'a malheureusement pas été assez considéré. C'est un livre très original, très humain. Éditeur est un métier fascinant. Peter Kral aussi, cet auteur tchèque ami de Kundera qui ne trouvait plus d'éditeur et qui vient de publier un nouveau texte chez Flammarion. Et les deux derniers livres de Guillaume Dustan ! Je suis extrêmement fier, c'est un honneur, une chance inouïe. La seule chose, c'est que ça m'a complètement fait arrêter d'écrire. Il y a un moment où je ne pouvais plus m'occuper de lire, de lancer et de critiquer les livres des autres. Le problème, c'est que je faisais tout ça pour fuir mes propres livres. C'était une manière, en m'occupant des autres, de ne plus m'occuper de moi. On peut vite arrêter d'écrire quand on se passionne trop pour autrui. J'ai failli crever d'une overdose d'altruisme. Mais chez Flammarion, j'ai pu faire des choses comme sauver la vie de *L'Atelier du roman* qui était menacé de disparition, alors que c'est – avec *La Revue Littéraire*, bien sûr – une revue de très bon niveau. Le regretté Philippe Muray écrivait dans *L'Atelier du roman*. Quand on s'intéresse à l'écriture, on s'intéresse à tout ce qui concerne ce milieu. Je pars de ce principe-là. C'est une vie entière consacrée à la lecture, à la publication, à la fabrication et à l'analyse des romans : les siens et ceux des autres. Mais il ne faut pas que ça écrase sa propre ambition.

A. D. : Une nouveauté dans votre écriture : avec *Windows on the World* (Grasset, 2003), vous échappez en partie à l'autofiction pour vous mettre dans la peau d'un personnage de fiction stricto sensu. Deux récits se superposent. Celui de Carthew Yorston, Américain divorcé présent avec ses deux fils dans le restaurant des Twins Towers au moment du crash. Le vôtre où, assis au restaurant du dernier étage de la Tour Montparnasse, vous décidez d'écrire sur le 11-Septembre 2001.

F. B. : Je ne m'éloigne pas tant que ça de l'autobiographie puisque c'est même le seul de mes livres où j'apparais sous le nom de Frédéric Beigbeder. Là, on pourrait dire que c'est une vraie autofiction. Un chapitre sur deux, c'est Frédéric Beigbeder et l'autre, c'est un personnage inventé qui porte le nom de ma grand-mère. C'est un livre très bizarre et là aussi, je ne sais toujours pas pourquoi je me suis mis en tête de faire cela. Sans doute parce que je connaissais ce restaurant, que je trouvais que c'était un spectacle extraordinaire et un événement fondateur du nouveau siècle. Pour des raisons aussi de glamour : c'est la destruction du glamour. C'est un endroit très luxueux, très élégant qui se retrouve en feu. L'occasion de s'interroger sur mon attirance pour le luxe, et pour la destruction, la contemplation de la fin du monde. C'est aussi un livre sur la paternité parce que Carthew est avec ses deux enfants. C'est peut-être mon livre le plus triste, le plus émouvant, j'ai essayé de faire pleurer le lecteur.

Je suis très heureux parce que c'est le livre qui a été le plus couronné, c'est un peu mon *Tchao Pantin*. Quand tu fais des livres drôles, finalement on te respecte moins que si tu fais des livres tristes.

A. D. : Ce roman est aussi le prétexte de parler de la culture américaine que vous connaissez bien. Avec *99 francs*, vous donniez une première description de l'Amérique, du côté de la Floride, le royaume des bimbos et des acteurs de pornos. Cette publicité géante relancée par Bruce Weber en 1985 vous plaisait, même si vous critiquiez la société de consommation américaine. Dans *Windows on the World*, vous énumérez la liste de vos écrivains, musiciens et cinéastes américains préférés : notamment Walt Whitman, Herman Melville et Truman Capote, Frank Sinatra, Lou Reed et Kurt Cobain, Howard Hawks, Martin Scorsese et David Lynch.

F. B. : Nous sommes colonisés. On peut s'en plaindre, mais personne ne nous force à aimer ces artistes et puis ce sont des artistes très critiques envers l'Amérique. Ce qui me révolte, c'est de croire que parce qu'on aime l'Amérique, on doit aimer George Bush. Pas du tout. Ce que je voulais juste dire, c'est que les artistes américains travaillent plus que les artistes français. Ils inventent beaucoup, ils sont très méticuleux et aussi très subversifs. Je suis étonné par le conformisme et une certaine paresse, surtout en littérature, dans notre pays. Ça doit aussi venir du fait qu'on ne traduit pas les mauvais livres américains en France, on ne lit que des très bons romans américains. Mais quand on voit, ne serait-ce que ce mois-ci, William Gass, cet univers d'une ambition folle, d'une invention délirante, traduit par Claro au Cherche Midi, ou le Jay McInerney qui est un livre très adroit, très touchant sur le 11-Septembre, on a l'impression que, en France, nous ne sommes pas à la hauteur, à part de rares exceptions comme Houellebecq ou Jauffret. C'est une vraie bizarrerie. Pourquoi nous faisons des livres en trois mois alors qu'eux les font en trois ou quatre ans ? J'avais envie de m'énerver un peu sur cette ambition supérieure des auteurs américains et anglais qui font des romans totaux. C'est aussi une manière de dire – je ne sais pas si j'ai réussi – que j'ai essayé de faire un roman qui parle d'un événement absolument gigantesque, de prendre trois ans de ma vie pour raconter ce matin-là. Le roman se déroule en 1 h 46, c'est la même construction que *Vacances dans le coma*. L'idée un peu dingo de rentrer dans le restaurant et de précisément regarder tous les détails de cet endroit dont personne n'est sorti vivant.

A. D. : Autre innovation : il y a beaucoup de descriptions historiques, topographiques, sociologiques et techniques du monument, comme de la ville de New York.

F. B. : C'est une errance à la manière de *L'Attrape-cœurs* qui est beaucoup cité dans le livre. Il y a une sorte de promenade dans New York. Comme dans *Nadja*, où Breton fait du hasard objectif : il constate quelques coïncidences et pense que ce n'est pas le hasard, mais le destin qui l'a amené là. C'est vrai qu'il y a des tas de choses étranges dans le livre : je vais, par exemple, à l'ONU et je vois une statue faite avec des missiles, qui ressemble au fuselage d'un avion. Je lis *L'Attrape-cœur* et je constate que le titre vient du métier que Holden Caulfield veut faire : attrapeur d'enfants avant qu'ils ne tombent dans le précipice. C'est son métier. Pourquoi des enfants qui tombent ? Pourquoi est-ce que Salinger, cinquante ans plus tôt, a eu l'idée d'appeler son livre comme ça ? Attraper des gens avant qu'ils ne sautent dans le vide. Là encore, écrire une chose qui au départ est hyperréaliste, à la *Crash* de Ballard, et progressivement en faire quelque chose de poétique, mystérieux.

A. D. : Au fur et à mesure du texte, le seul souvenir que vous ayez de votre enfance apparaît. Sur le chemin de l'école, vous avez pour la première fois le sentiment que vous ne servez à rien, qu'il ne vous arrivera pas de grandes choses et vous voudriez vous jeter sous les roues du bus. Vous venez à New York pour vous chercher (vos parents y ont d'ailleurs vécu dans leur jeunesse). Vous vous demandez : « Vais-je me trouver ? » Est-ce que l'écriture est un moyen de retrouver la mémoire ?

F. B. : J'en suis sûr. Ça marche à chaque livre. Je suis totalement amnésique sur mes vingt premières années. Je n'ai pas beaucoup de souvenirs de mon enfance et, à chaque fois que j'écris un roman, il y a des bribes qui remontent, des flashs, des instantanés. En imaginant une histoire, n'importe laquelle, finalement peu importe laquelle d'ailleurs, des fragments de mémoire se révèlent. C'est par exemple ce matin-là où je me vois avec mon cartable, allant au lycée Louis-le-Grand, sous la pluie grisâtre en hiver. On a tous vécu ça. L'enfance, c'est quand même une longue période militaire, d'emprisonnement. On n'a aucune liberté. C'est interminable, l'enfance. J'ai l'impression que ce matin-là a été toute mon enfance. Mon enfance n'a été que ce matin-là, tous les jours pendant quinze ans. Dans mon dernier roman, j'ai à nouveau quelque chose qui m'est revenu. C'est assez troublant de voir qu'en racontant des histoires imaginaires, on en vient à retrouver des instantanés de son passé.

A. D. : Mention explicite de votre père, véritable « play-boy international » dont vous reproduisez le modèle en échouant dans votre rôle de mari et père de famille. Le divorce de vos parents vous a privé d'un « modèle », d'un « mode d'emploi ». Je sais que vous voyez un psychiatre, mais vous n'avez jamais fait de psychanalyse. L'autofiction romanesque en est-elle une, même si vous vous défendez de faire une « psychanalyse publique » ?

F. B. : Les interviews aussi, c'est une forme de psychanalyse. Surtout pour *La Revue Littéraire*, c'est une véritable thérapie de groupe. Je me demande toujours si c'est passionnant pour le lecteur de voir un auteur qui raconte sa vie et qui se soigne sur son dos. Je ne suis pas sûr. Si on prend le cas du dernier livre d'Emmanuel Carrère, c'est extraordinairement bien fait parce que tu ne t'ennuies pas une seconde et, en même temps, il règle des comptes avec sa famille, son passé. C'est très bien. Dans le cas du *Pedigree* de Modiano aussi. C'est très intéressant d'avoir quelqu'un qui publiquement utilise le récit pour se sentir mieux et mettre les choses au clair. Moi, je crois que c'est beaucoup plus compliqué et tordu, ambivalent et hypocrite. D'abord, je ne parle pas directement de moi, c'est toujours par le truchement de personnages, de choses inventées. Dans *Windows* c'est à New York, dans *Au Secours Pardon* à Moscou. Je donne à mes personnages des métiers que je ne fais pas. Carthew Yorston est agent immobilier, Octave dans le dernier est « talent scout » à la recherche de mannequins. Ce sont des métiers que je n'ai pas exercés, dans des pays dont je ne suis pas citoyen. Malgré ça, il y a des choses réelles qui remontent à la surface et qui m'aident à aller mieux, c'est vrai. Mais je ne pense pas que ce soit le centre et le but de la littérature.

A. D. : Vous vous défoncez la tête pour, dites-vous : « oublier que je n'ai aucun passé et que je sonne creux », que « je suis vide ». L'écriture permet pourtant d'aller chercher loin en soi les choses les plus douloureuses, d'acquérir une profondeur.

F. B. : Je ne suis pas sûr que ce soit le seul objectif de la littérature. C'est très important qu'il y ait une sincérité, une urgence et une nécessité. Les livres non nécessaires ne méritent pas d'être imprimés. Mais ça ne doit pas suffire. Je pense aussi beaucoup à la forme, à l'émotion, au charme. Je cherche la beauté, la grâce et la poésie. J'essaye très humblement de progresser, c'est-à-dire que j'ai l'impression que mes livres sont de plus en plus précis, détaillés, fouillés, construits. Au début, c'était un peu flou. C'était des pirouettes, c'était mignon. Maintenant, j'ai l'impression d'avoir un regard plus fin, plus d'acuité, de densité. C'est difficile pour moi de parler du style et de m'envoyer des fleurs. Quand vous dites aller au plus profond de soi-même dans un roman, j'ai peur que ça autorise des tas de confessions nombrilistes, sans intérêt, interminables. Ça peut être le cadre ou le fond, mais la forme est aussi importante.

A. D. : L'Égoïste romantique (Grasset, 2005) est la version la plus aboutie de votre autobiographie. Directe et immédiate, l'écriture du journal (publié périodiquement dans *VSD*) oblige à une plus grande nudité. Même si les noms des personnages sont changés : vous vous appelez Oscar Dufresne, vos amis sont Jean-Georges, Ludo et l'irrésistible Pétasse Inconnue. Mais aussi Ardisson ou Taddéï.

F. B. : Il y a un mélange de vrai et de faux, c'est toujours la même envie de se montrer tout en se cachant. Ce qui est amusant, c'est que tout le monde croit que je suis Oscar Dufresne et c'est vrai, mais je suis aussi Ludo. Il se fait plaquer par sa femme à Formentera, ce qui m'est arrivé ; c'est un type qui en a marre d'être en couple, or moi j'ai toujours été en couple, depuis l'âge de 21 ans jusqu'à maintenant. J'ai toujours été maqué. Je suis beaucoup plus proche de Ludo que d'Oscar Dufresne qui est un célibataire endurci, play-boy, dragueur. Ce n'est pas du tout ma vie. C'est une vie rêvée, mais en réalité je n'ai absolument pas l'audace ou la liberté de faire ça. Je serais terriblement angoissé d'être seul et de draguer des nanas différentes tous les soirs. Je me disperse entre les différents personnages pour mieux brouiller les pistes. C'est ça le roman. Le roman est très bien défini par Aragon : « le mentir-vrai ».

A. D. : Mais vous abordez justement ces questions de l'autobiographie et de la fiction : c'est un « jeu avec le je ». Vous dites : « ma vie est un roman basé sur des faits réels », et en même temps vous avouez la transformer dans l'écriture.

F. B. : Je suis désolé d'avoir à dire des banalités pareilles. Si on ne fait pas un journal intime comme Renaud Camus, Marc-Édouard Nabe, Paul Léautaud ou Jules Renard, on peut faire des journaux romanesques. C'est pour ça que j'ai appelé *L'Égoïste romantique* : antijournal. C'est un antijournal comme les *Antimémoires* de Malraux. À partir de mes notes et de mes carnets intimes, j'ai fait des transformations : il y a des vérités et des choses complètement inventées. Je me suis aperçu en étudiant un petit peu l'histoire littéraire, parce que j'ai toujours envie d'être le premier, que je n'étais absolument pas le premier. Valery Larbaud a fait le journal de Barnabooth, milliardaire imaginaire qui lui ressemble beaucoup, mais qui ne s'appelle pas Larbaud. William Boyd a fait un texte remarquable qui est aussi un journal fictif, *Les Carnets intimes de Logan Mountstuart*. C'est très amusant à faire.

A. D. : Houellebecq a qualifié votre œuvre d'« autofiction prospective ». Selon vous, vous faites plutôt de « l'autodestruction publique ». Il est « ridicule et prétentieux » de parler de soi, et en même temps c'est la seule chose intéressante.

F. B. : C'est le dilemme du romancier. J'ai toujours fait ça, jusque dans mon dernier roman. Si on prend par exemple la démarche d'Emmanuel Carrère : il a commencé par faire des vrais romans et progressivement, il est allé vers l'autobiographie. *Un roman russe* est son premier livre totalement autobiographique, avec son vrai nom, les vrais personnages. Moi, je suis resté dans l'ambiguïté du début jusqu'à aujourd'hui. Ce qui change curieusement, c'est la manière de gratter les plaies qui va de plus en plus en profondeur, en densité. Si on prend *Au Secours Pardon*, déjà rien que le titre, j'ai l'impression que je suis allé plus loin dans la confession, que je me suis exposé davantage, mais ce n'est toujours pas Frédéric Beigbeder qui parle. Je n'ose pas.

A. D. : Vous n'êtes pas sûr de faire les sacrifices suffisants pour écrire. Vous dites : « Je refuse d'être malheureux pour écrire des choses profondes. Je souffre d'un déficit de dépression. »

F. B. : Je m'amuse un peu à dénoncer la dictature du témoignage. Avec la médiatisation et la télévision, on pense que pour écrire quelque chose de valable, il faut avoir souffert. Il me semble que l'on peut écrire des choses intéressantes sans pour autant parler de ses maladies, de son orphelinat ou des abus sexuels dont on a été victime. On peut arriver à faire des romans sans misérabilisme.

A. D. : À chaque fois, vous vous présentez comme quelqu'un de volage et de lâche. Mais ce qui vous caractérise le mieux, c'est le désir de célébrité : pour être aimé et devenir beau. Pour faire comme votre père, pour plaire à toutes les femmes, il vous fallait devenir quelqu'un.

F. B. : Vous me prenez pour Oscar Dufresne. J'ai bien sûr voulu être connu et je trouve toujours ridicules les gens qui se plaignent de leur notoriété, alors qu'ils ont mis tant d'années à la conquérir. Mais *L'Égoïste romantique* est aussi un livre pour dénoncer, pour se moquer de ça. Montrer que ça n'a aucun intérêt, que la célébrité vous permet surtout d'être connu de gens que vous ne connaissez pas. J'aime bien obtenir des choses pour pouvoir les raconter et les ridiculiser. Aujourd'hui, je déconne à la télé et je pense qu'un jour, j'en ferai un livre pour me moquer de ce pouvoir-là. Ça ne m'empêchera pas d'avoir apprécié, d'avoir bien rigolé et d'avoir bien gagné ma vie. C'est comme les sublimes créatures russes dont je parle dans *Au Secours Pardon*, j'essaie à la fois de montrer l'horreur de cette exploitation de la femme comme du bétail, de plus en plus mince, de plus en plus jeune, et pourtant je suis le premier à en tomber follement amoureux.

A. D. : Comme Romain Gary, vous vous plaignez d'avoir été trop aimé par votre mère. C'est elle qui vous a élevé avec votre frère, dans l'absence du père.

F. B. : Romain Gary s'en plaint, mais il dit surtout que c'est une promesse avec laquelle les autres femmes ne peuvent pas rivaliser. C'est ça le problème. Beaucoup d'enfants aujourd'hui sont éduqués par des mères seules et j'essaie de comprendre les conséquences que ça peut avoir sur la masculinité. D'avoir un père absent et d'être élevé par une femme seule plutôt triste, ou plutôt débordée, qui doit assurer dans tous les domaines : travailler, faire la bouffe, éduquer les enfants, aller les chercher à l'école… Quelles conséquences cela a sur nous, les hommes qui ont 40 ans aujourd'hui et qui ont eu ça comme enfance ? Il me semble que les garçons élevés par des femmes seules ne trouveront jamais un amour similaire. Ils placent la barre tellement haut qu'ils ne sont jamais satisfaits. Ils ne peuvent pas vivre seuls, il faut qu'ils soient avec une femme, mais elle n'est jamais à la hauteur. C'est un handicap terrible. On s'en apercevra dans une cinquantaine d'années, la généralisation des divorces, les libérations féministe et sexuelle ont eu comme dommage collatéral de créer des hommes incapables d'être seuls et incapables d'être en couple.

A. D. : En juin 2007 est paru votre dernier roman, *Au Secours Pardon* (Grasset). C'est la suite de *99 francs* : on retrouve Octave Parango à sa sortie de prison. Il est devenu « talent scout » (« recruteur esthétique ») à Moscou. Il doit trouver le nouveau visage de la campagne L'Idéal. C'est encore une fois le règne des apparences : dans cette quête de la beauté ultime, tout est permis. C'est une critique de l'esclavage des femmes dans le milieu des mannequins slaves, prêtes à tout pour sortir de la misère.

F. B. : C'est le prétexte à une confession : Octave se confesse à un prêtre orthodoxe dans une cathédrale qui s'appelle la cathédrale du Christ-Sauveur, au centre de Moscou. Je crois que là encore, j'essaie de proposer quelque chose qui n'est pas possible ailleurs que dans un roman. De même que dans *Windows* on entrait dans un endroit disparu, là je parle de cette dictature de la beauté tout en y adhérant quand même. J'essaie de dénoncer ce que j'appelle le « fashisme ».

A. D. : Vous démontrez que les dérives du règne de la beauté et de la jeunesse aboutissent, plus qu'à l'anorexie ou à la pédophilie, au racisme. La beauté est aryenne. Le milieu de la mode est « fashiste » : « fashion-facho ». Selon vous, les nazis ont gagné idéologiquement.

F. B. : C'est le point de vue un peu politique du livre, mais je parle surtout de la violence de la liberté. La Russie était un pays totalitaire jusqu'à il y a quinze ans. Ils ont tout d'un coup découvert notre système – c'est d'ailleurs le nom de la boîte à Auschwitz : LE SYSTEM est une boîte de nuit dans un entrepôt qui servait à stocker les cheveux des déportés. C'est devenu une boîte où les jeunes dansent en Pologne. Au départ, le livre devait peut-être s'intituler *Le Système* et j'ai trouvé ça trop sérieux. Encore une fois, je décris les dégâts d'un système ultra-libéral et les difficultés d'être libre. Octave est libre, c'est son deuxième divorce, il se retrouve libre dans un pays qui l'est aussi. Il ne sait pas quoi faire de sa liberté, de même que la Russie ne sait pas quoi en faire. Ça va dans tous les excès : excès de milliardaires, de sexe, de drogue, de quête effrénée du plaisir, peur de l'avenir et tout ça bascule dans la barbarie. Vous parliez de Bossuet tout à l'heure, on pourrait dire qu'il y a deux idéologies dans ce « désirisme » permanent : l'appétit, c'est-à-dire gloutonnerie, hyper-consommation, voracité, jalousie, et le dégoût, c'est-à-dire un nihilisme qui bascule dans le terrorisme, le fascisme, le suicide ou le cynisme. La menace qu'il y a sur la Russie plane sur le monde actuel. À force d'hyper-consommation, on va basculer dans la haine. C'est normal. L'individu seul au monde à qui on fait désirer tout et n'importe quoi, et notamment des filles encore plus jeunes, sublimes, inatteignables, inaccessibles, ne peut que basculer dans le terrorisme et la violence.

A. D. : La première partie du roman est sombre. Octave Parango a compris que « la tristesse est nécessaire ». Est-ce que vous traversiez, à ce moment de l'écriture, une période de dépression (la première que vous laissez remonter à la surface) ?

F. B. : J'ai beaucoup écrit le livre en bad. À commencer par l'incipit, qui est une phrase qui m'est venue un matin : « C'est l'année de mes 40 ans que je suis devenu complètement fou. » J'avais cette phrase depuis trois ans et rien d'autre. Je disais aux gens que j'étais en train d'écrire un livre, je leur citais la première phrase, et ils levaient les yeux au ciel. À un moment, ça s'est débloqué. Je suis allé en Russie plusieurs fois, j'ai vu dans ce pays les beautés féeriques et cette angoisse existentielle qui est la leur, l'autodestruction, le lyrisme apocalyptique. J'ai eu envie d'y retourner et j'ai compris que ça pouvait être l'occasion de parler profondément de mes problèmes tout en décrivant un empire qui se reconstruit un peu n'importe comment. Comme vous le savez, je suis critique et je feuillette tout ce qui se publie. À mon avis, les deux derniers romans importants en France sont *La Possibilité d'une île* et *Les Bienveillantes*. En fait, de quoi parlent ces livres ? De la fin de l'humanité. *La Possibilité d'une île* parle de la fin de l'espèce humaine et *Les Bienveillantes*, c'est la victoire du mal, ce mystère de la mort de l'Homme qui a eu lieu entre 1939 et 1945. C'est là qu'il faut creuser. Mon titre est comme le refrain de l'homme occidental, ce que toute la journée nous répétons : « Au Secours Pardon. » Nous crions à la fois « à l'aide » parce que nous voyons l'apocalypse arriver et, en même temps, nous nous excusons tout le temps comme si nous étions coupables. La culpabilité est encore au centre de ce livre. Sur le côté sombre au début du roman, c'est parti de cette crise de la quarantaine, de mon deuxième divorce où je me dis que je me suis encore planté. J'ai eu à ce moment-là une histoire d'amour avec une actrice de 20 ans, alors je me suis demandé pourquoi je courais comme ça après la jeunesse, la beauté absolue tout le temps. Il y a cette phrase de Dostoïevski qui dit que la beauté sauvera le monde. Très célèbre phrase. Je me suis demandé si c'était vrai et moi, je pense que c'est l'inverse. Je pense justement que la beauté est en train de détruire le monde, que cette espèce de tyrannie de la jeunesse est très dangereuse. C'est peut-être métaphorique de mon nouvel échec amoureux. J'appelle au secours et je demande pardon.

A. D. : Deuxième souvenir d'enfance : vous êtes chez votre père pour le week-end, vous entendez dans la nuit (vous étiez déjà insomniaque) des rires et des glaçons tinter dans des verres. Quand vous descendez, vous découvrez de très belles femmes qui vous raccompagnent dans votre lit et vous bordent. C'est une scène de conte de fées : vous parlez d'un « pays merveilleux ».

F. B. : Je me suis demandé si ce cocktail chez mon père n'était pas constitutif de toute ma sexualité. J'avais 10 ans et j'étais en pyjama bleu, avec des pantoufles, et je me suis retrouvé au milieu de top-models. Mon père invitait des copains qui dirigeaient des agences de mannequins qui n'existent plus, il y en avait une qui s'appelait Paris-Planning.

Ils écoutaient le double album orange de Stevie Wonder qui est un chef-d'œuvre absolu, *Songs in the Key of Life*. Les clefs de la vie. J'ai été ébloui. Je me souviens très distinctement des visages de ces jeunes femmes. À l'époque, c'était la mode des mannequins danoises ou suédoises. C'était délicieux, merveilleux. J'avais très envie d'être abusé sexuellement, malheureusement ça n'a pas eu lieu. J'ai pris goût peut-être à un certain type de physique. Après, j'ai eu envie d'être entouré toute ma vie de somptueuses créatures, très grandes, très minces, avec des pommettes saillantes, des dents blanches et des yeux bleus. Cette quête, j'essaie de l'analyser dans ce livre.

A. D. : Comme dans *Windows on the World*, vous apportez un soin particulier aux descriptions : sur la beauté des villes russes (Moscou, Saint-Pétersbourg, Nijni-Novgorod…). Octave est séduit par la profondeur des Russes, en opposition à son impression de vacuité. L'histoire de la Russie vient combler l'amnésie sur son passé. C'est un déplacement dans le temps (vous décrivez des scènes de l'enfance de son père dans une pension religieuse très stricte) et dans l'espace (Octave est installé depuis un an à Moscou).

F. B. : Rappelons que c'est un roman et que tout ce que je raconte sur mes proches ne doit pas être pris au pied de la lettre, mais c'est vrai que mon père a été en pension. Beaucoup de nos parents ont été en pension, c'était ce qui se faisait il y a cinquante ans. Modiano en a parlé aussi. L'idée que nous sommes les enfants d'une génération qui a passé une enfance en prison. Aujourd'hui, beaucoup de pères ou mères de mes amis font leur outing de pensionnaires et disent que c'était horrible. Ils ont eu une enfance emprisonnée. Ça explique peut-être Mai-68 et l'hédonisme dans lequel nous sommes aujourd'hui, qui est une revanche de nos parents contre l'emprisonnement de leur enfance. J'essaie de remonter à la source de cet hédonisme puisque moi, aujourd'hui, je veux cette vie de plaisir qui en même temps ne me comble pas. Pour essayer de comprendre tout ça, je suis obligé de retourner dans le Béarn paternel, à l'abbaye de Sorèze où les enfants de 9-10 ans étaient enfermés dans des cellules, réveil à 5 h 30 du matin, étude dans le froid jusqu'à 20 h, extinction des feux à 21 h 30, avec une discipline de fer, en uniformes amidonnés, avec lever des couleurs, messe obligatoire... Vous pensez que c'est moyenâgeux, mais cette pension-là a été fermée en 1991, c'est-à-dire en même temps que les goulags. Encore une coïncidence. Mais c'est aussi un livre qui cherche le bonheur. Je ne veux pas trop, à cause du titre, présenter *Au Secours Pardon* comme un livre désespéré. Il y a vraiment une histoire d'amour et peut-être une sorte de bonheur dans la description du personnage féminin.

A. D. : Comment avez-vous écrit ce septième roman ? Toujours en prenant des notes, cette fois-ci au cours de vos voyages ?

F. B. : Pas seulement. Je me suis discipliné. J'ai choisi de prendre un endroit de rêve et comme ça, tous les matins, on se réveille et on y retourne. C'est la première fois que je fais ça. J'ai pris beaucoup de plaisir à écrire ce livre, alors que souvent j'écrivais dans la douleur, dans la souffrance parce que je suis très flemmard, très paresseux. Et là, au contraire, j'avais un refuge, chaque fois que j'allais dans ce livre je me retrouvais à Moscou, sous la neige, avec des créatures magnifiques, des femmes troublantes, ensorcelantes, dans des bars hallucinants. C'est une méthode nouvelle pour moi, de choisir un endroit qui soit comme un paradis, dans lequel je peux retourner chaque jour un petit peu, comme un type qui ferait du power plate. Je ne sais pas quel exercice on peut faire tous les jours. Eh bien moi, au lieu de faire de la gymnastique, j'allais à Moscou dans ma tête. C'est une méthode que je réemploierai volontiers. Je pense que je n'ai jamais eu autant de plaisir à écrire un livre. C'est peut-être triste et sombre, mais j'y retournais avec beaucoup de joie. Il faut trouver des manières de travailler qui ne soient pas trop pénibles, sinon à la fin on fait des livres pénibles à lire.

A. D. : Cette mélancolie vient peut-être de votre sensibilité pour l'âme russe, alors qu'Octave fréquente plutôt les nouveaux riches de Moscou. Ville de débauches où règnent l'argent, le sexe et la drogue, les boîtes de nuit sont extravagantes (Shatush, Opera Club et Seven). Les filles sont des junkies ou des putes qui ne pensent qu'au fric. Ce milieu moscovite est incarné par la figure du copain milliardaire et maffieux qui se fout de tout : Sergueï, l'oligarque (surnommé « l'Idiot »).

F. B. : Comme Octave est chargé de rechercher les jolies filles, il est obligé de fréquenter les milliardaires parce que les jolies filles se rapprochent souvent des milliardaires. C'est assez triste comme constat. C'est peut-être aussi un peu paresseux. On doit pouvoir trouver de très jolies filles dans les bibliothèques ou les musées, ou dans les églises. Octave, c'est le personnage de *99 francs*, c'est un épicurien, un jouisseur. Évidemment, il se retrouve très vite dans des bordels, des soirées bizarres, des limousines blindées. Et pourtant, ce n'est pas là qu'il va trouver le visage qu'il cherche, c'est à Saint-Pétersbourg, sur recommandation d'un pope qui lui donne l'adresse d'une fille de 14 ans. C'est un ange. Là, il va basculer. Mais je tiens à dire que c'est un travail qui a duré trois ans (2005-2007). Certes, je crois qu'on retrouve l'univers de *99 francs*, ces espèces de paillettes de luxe, mais je sens que ça va beaucoup plus loin à partir du moment où Octave découvre dans Platon une phrase : « La quête de la beauté est une soif de Dieu. » À partir de là, tout change puisque sa recherche du visage idéal devient aussi une quête métaphysique, une recherche de Jésus-Christ. Et là, tout de suite, ça devient nettement plus chiant !

A. D. : Vous êtes à mon avis un écrivain catholique. La religion est très présente dans vos romans, surtout dans celui-ci. Le récit est construit autour des confessions que fait Octave à un prêtre orthodoxe rencontré quelques années plus tôt à Paris. Quand il est en descente, Octave se rend dans les églises. Vous citez plusieurs écrivains mystiques (Huysmans ou Saint-Martin). Le titre est d'ailleurs explicitement chrétien : « On appelle Jésus au secours et c'est lui qui nous demande pardon. »

F. B. : Je trouve tellement incroyable que Jésus s'excuse alors que c'est nous qui l'avons crucifié. Il y a un moment où la fuite dans le plaisir et le divertissement ne suffit plus. Quand je dis qu'Octave devient complètement fou, il devient surtout très mystique parce qu'il tourne en rond. Pour sortir de ce cercle vicieux du dégoût et de l'appétit, la seule solution est de se tourner vers le ciel. Il me semble que la fille très gracieuse de 14 ans est une sorte d'envoyée de Dieu. En tout cas, c'est un prêtre qui la lui présente et il a une sorte de coup de foudre, comme une révélation. Une révélation christique ou bien c'est la Vierge Marie qui lui apparaît ? Mais j'essaie que ce soit marrant, en filigrane, que ça ne devienne pas trop démonstratif.

A. D. : Plus que l'incapacité d'aimer, Octave vit un autre drame : il transforme les femmes en « paranos hystériques », « harpies agressives » ou « sorcières jalouses ». La sexualité/masculinité des hommes repose sur la pluralité de partenaires, mais les femmes sont possessives et jalouses. C'est une équation impossible à résoudre.

F. B. : Quelqu'un qui est fou ne peut que rendre folles les femmes qu'il fréquente. Si jamais on recherche la motivation autobiographique derrière tout ça, je me suis dit qu'à un moment, si j'allais d'échec en échec à l'âge de 40 ans, il était temps de reconnaître que ce n'était pas la faute des autres. J'ai essayé de savoir en quoi j'étais coupable et qu'est-ce qui faisait que j'échouais en amour. Je ne suis pas sûr d'avoir résolu mes problèmes en écrivant ce livre, mais je crois quand même que je vais beaucoup mieux. C'est assez bizarre.

A. D. : Dans la continuité de *Windows on the World*, vous vous mettez à la place d'autres personnages que votre narrateur. Ici, vous allez plus loin parce que les personnages ne vous ressemblent a priori pas : ce sont des femmes, comme votre héroïne Lena qui tient son blog sur Internet. Comment ressentez-vous cet exercice : très éloigné ou très proche de vous ?

F. B. : On m'a souvent reproché d'être misogyne. Ça m'a beaucoup intéressé de me mettre dans la peau de femmes, l'ex-épouse d'Octave et cette adolescente qui tient son blog. J'ai été obligé de faire beaucoup d'enquêtes, de fréquenter des femmes jeunes pour les écouter, voir leurs préoccupations. J'ai appris des tas de choses, qu'elles baisaient à l'âge de 13 ans, des trucs comme ça que je n'imaginais pas. Et puis, j'ai surtout vu que les dégâts dont je parlais à propos des mères seules sont les mêmes avec une femme.

Les deux personnages féminins de mon livre ont été élevés par des mères seules. Il y a dans cette situation une espèce de confrontation, de jalousie, de monopole, d'identification et de haine, de compétition très complexe à vivre. Ça m'a aidé à mieux comprendre ces ovnis que sont les femmes.

A. D. : Après la culture américaine, la culture russe. Vous citez les nombreux auteurs russes, ou d'origine russe, que vous aimez : Dostoïevski, Tourgueniev, Pouchkine, Nabokov et Matzneff.

F. B. : Ce qui s'est passé, c'est que je suis beaucoup allé en Russie pour la promo de mes romans. Ça a commencé avec *99 francs* qui a été là-bas un phénomène assez inexplicable, mais vraiment massif. Puis j'y suis retourné, je suis allé au salon de Moscou trois fois, je suis allé faire des conférences à Saint-Pétersbourg, à Nijni-Novgorod. J'ai beaucoup voyagé là-bas. C'est le seul pays qui ait traduit tous mes livres, *Dernier inventaire* et les nouvelles inclus, et même l'entretien avec monseigneur Di Falco. Ce qui fait que j'ai eu l'occasion de rencontrer beaucoup d'écrivains russes tout en découvrant ce cadre merveilleux. Moscou, cette violence, cette grandeur, et puis Saint-Pétersbourg, la poésie, la brume, les canaux. Bon, la vodka, les filles, et les oligarques bien sûr. La folie de la fête et, en même temps, toujours la littérature en arrière-plan. C'est un pays profondément imprégné par la littérature, par l'histoire littéraire. Ils ne regardent la réalité qu'à travers le prisme, les yeux de Tolstoï, de Boulgakov, de Tchékhov. Ce n'est malheureusement plus le cas ici. C'est assez rare à Paris de rencontrer au Baron une nana qui va te citer Flaubert ou Zola, ou dire : « Tiens, j'étais dans un immeuble qui m'a fait penser à Rimbaud. » En Russie, c'est très fréquemment le cas. Il y a même des clubs qui portent des noms de personnages romanesques : le Onéguine à Saint-Pétersbourg, qui est un héros de Pouchkine, ou le Diaghilev à Moscou, l'inventeur des ballets russes qui donne son nom à la boîte à la mode. Je ne sais pas si ça serait imaginable ici, c'est comme si on avait une boîte qui s'appelait Rastignac ou un club techno qui s'appelait le Cocteau.

A. D. : Il y a le Man Ray, mais c'est plutôt dans l'art. Les artistes un peu, mais pas les écrivains. Pas la littérature.

F. B. : C'est curieux. Ce serait marrant d'ouvrir une boîte à Paris qui s'appellerait le Sagan. Il y a l'hôtel Balzac quand même. C'est génial cette espèce d'imprégnation de la culture et de l'âme russes, de l'histoire de la poésie russe dans tous leurs gestes. Pour un écrivain, c'est très attirant.

A. D. : Comme dans *Windows on the World*, une tension sourde accompagne le récit jusqu'au coup de théâtre final. On sent qu'un drame va avoir lieu. La tristesse du début est abandonnée quand les événements s'emballent. Octave retrouve son âme de révolutionnaire : il tente de réaliser un attentat terroriste.

F. B. : Il ne faut pas raconter la fin qui est, comme d'habitude, totalement baroque. C'est toujours la même démarche de partir du réalisme pointilleux pour aller vers le cataclysmique, le fantastique. Je remarque d'ailleurs que dans la Bible l'apocalypse est considérée comme une bonne nouvelle. On oublie que la fin du monde, dans la Bible, c'est ce qu'on attend. C'est un livre pour lequel j'ai beaucoup réfléchi à la construction, à préparer la chute. J'aime beaucoup les films de M. Night Shyamalan, *Sixième Sens*, *Incassable*. Et même celui qui a été beaucoup critiqué, avec Mel Gibson, *Signes*. Si dans un roman on peut s'arranger pour envoyer des signes à chaque chapitre et que tout se rassemble en un feu d'artifice final, je trouve que c'est le sommet. Si jamais j'avais réussi à faire ça, je serais très heureux. Puisqu'on refait éternellement le même livre, il faut s'amuser sur la structure. Un château de cartes où dans chaque bribe, chaque chapitre, chaque éclairage, avec des personnages différents qui s'expriment, on finisse par arriver à un retournement complet, qu'on soit étonné, surpris. Le plus flatteur pour moi, ce serait qu'on ait envie de relire le livre pour vérifier si ça tient la route.

A. D. : La construction est finalement très scénaristique. Vos projets actuels sont d'ailleurs pour le cinéma : après l'adaptation de *99 francs* réalisée par

Jan Kounen, avec Jean Dujardin incarnant votre double, film sorti en 2007, vous préparez celle de *L'amour dure trois ans*, avec Christophe Turpin, que vous mettrez en scène.

F. B. : C'est le chantier en cours. C'est très effrayant. En ce moment, la mode est de proposer à des écrivains de réaliser leurs films. Il y en a qui l'ont fait avec beaucoup de réussite comme Yann Moix ou Virginie Despentes. *Baise-moi*, c'était intéressant, c'était assez fort. Il y en a qui vont le faire comme Michel Houellebecq. Il y a aussi des exemples de ratages comme Bernard-Henri Lévy, Alexandre Jardin ou Didier van Cauwelaert. Bernard Werber aussi fait son premier film. Donc, il y a de bonnes raisons d'être effrayé quand on te propose ça. Mais c'est tellement excitant de porter soi-même à l'écran un de ses livres. Avec mon co-scénariste, on a beaucoup restructuré *L'amour dure trois ans*. Il fallait un conflit intérieur, un pitch. Il y a des techniques pour qu'un scénario tienne debout. On a travaillé un an et là, on va commencer à préparer le tournage.

A. D. : Dans *Au Secours Pardon*, vous évoquez une courte carrière à la télévision (Octave a présenté une « émission en access prime time »). Est-ce le sujet de votre prochain roman et la fin de la trilogie ?

F. B. : Oui. C'est bien comme réponse, non ? Ça s'appellera *99 jours*. La télévision tolère la critique beaucoup plus que la pub. Et puis, ça n'a pas de sens de haïr la télé qui est un média tellement vaste. Il y a des choses excellentes et des choses horribles. Le but ne sera pas de détruire la télé en disant qu'elle est l'ennemie, en revanche ce sera de montrer comment elle est fabriquée de l'intérieur. C'est toujours ce goût pour les coulisses. Montrer comme les gens deviennent dingos là-dedans, quel est le stress du direct, ce que ça veut dire d'avoir une oreillette, un deuxième cerveau qui te dicte des trucs. Les secrets de fabrication, c'est ça qui m'amuse. Quand on montre l'arrière-plan, c'est d'une certaine manière très subversif. C'est là qu'on voit comment les gens qui font ça se moquent un peu de nous.

A. D. : Pour finir, est-ce que c'est cool d'être Frédéric Beigbeder ?

F. B. : Non, parce que j'ai dû attendre 41 ans et dix livres pour avoir enfin droit à un entretien aussi fouillé. Merci, je vous aime.

CITATIONS CHOISIES

Mémoires d'un jeune homme dérangé
La Table Ronde, 1990 ;
« La Petite Vermillon », 2001

Marc Marronnier aimait le monde entier.
Marc Marronnier avait une tête à claques.
J'en sais quelque chose : Marc Marronnier, c'est moi.

p. 15 (édition « La Petite Vermillon »)

Il serait exagéré de croire que Marc n'a terminé ses études que pour rassurer ses parents : son séjour prolongé dans l'enseignement supérieur s'explique surtout par une volonté avouée de retarder l'échéance de la Vraie Vie. Méfiez-vous des gens bardés de diplômes, ce sont, statistiquement, les plus lâches.

p. 19-20

La nuit, les gens ne suent pas : ils suintent. Ils ont les mains sales, les ongles noirs, les joues rouges, les bas filés, les cravates tordues. Au bout d'une heure dans une boîte de nuit, la plus jolie fille du monde ressemble au barman. Comment ai-je pu sortir autant ?

p. 27

Quiconque n'est pas régulièrement la risée des foules ne mérite pas d'être considéré comme un être humain. Je dirais même plus : le seul moyen de savoir qu'on existe est de se rendre grotesque. C'est le cogito de l'homme moderne. Ridiculo ergo sum.

p. 104

Alors qu'ensemble nous vivions en paix, la guerre était déclarée dès qu'il y avait du monde autour de nous. Tous les prétextes étaient bons : une remarque désobligeante, un rire exagéré, un regard appuyé. Faire la gueule devenait alors notre sport favori.

p. 105-106

Je regarde Anne et que vois-je ? Le matin, une femme mûre, ébouriffée, à la voix rauque, qui fait sa toilette en écoutant la radio. Dix minutes plus tard, c'est déjà une autre, tendre amie, qui crache des noyaux de cerise par la fenêtre. Retour au lit : Anne est une troisième, sensuelle au corps brûlant.

p. 144-145

Anne est un harem à elle toute seule.

p. 145

Vacances dans le coma

Grasset, 1994 ; « Le Livre de Poche », 1996

Marc Marronnier a vingt-sept ans, un bel appartement, un boulot marrant et pourtant il ne se suicide pas. C'est à n'y rien comprendre.

p. 13

Paris est un faux décor de cinéma. Marc Marronnier aimerait mieux que tout y soit *vraiment* en carton-pâte. Il préfère le faux Pont-Neuf, celui qu'a fait construire Leos Carax en rase campagne, au vrai, celui qu'a emballé Christo.

p. 29

Marc est allé au bout de la nuit, sans voyager.

p. 45

Marc décide de faire passer à ses voisines son fameux « test du Triple Pourquoi ». Personne n'y résiste, d'habitude. Le « théorème des Trois Pourquoi » est simple : la troisième fois qu'on lui demande « Pourquoi ? », toute personne interrogée finit toujours par penser à la mort.

p. 72

Pourquoi écrire, quand la durée de vie d'un roman est inférieure à celle d'un spot de pub pour les pâtes Barilla ? En outre, regardez autour de vous : on dénombre ici autant de photographes que de stars. Eh bien, en France, c'est idem : il y a à peu près autant d'écrivains que de lecteurs.

p. 80

Il veut voyager par fax.
Il veut que tout n'aille pas trop mal, mais que tout n'aille pas trop bien non plus.
Il veut dormir les yeux ouverts, pour ne rien rater.
Il aurait aimé tenir l'alcool.

p. 110-111

Chaque lendemain de fête, il jure qu'il ne sortira plus jamais. Ensuite, le soleil se couche, et Sisyphe Marronnier ne résiste pas forcément à la tentation. À la longue, il devient presque insensible à cet enfer. Sisyphe et Mithridate, même combat !

p. 138

Il est né dans la banlieue ouest, il sera enterré au cimetière du Trocadéro : une vie pour traverser le nord du XVIe arrondissement. Entre-temps, il sera allé à des fêtes où, assis sur des tabourets, il se sera contemplé dans des boules à facettes.

p. 149

L'amour dure trois ans

Grasset, 1997 ; « Folio », 2001

La troisième année, il y a une bonne et une mauvaise nouvelle. La bonne nouvelle : dégoûtée, votre femme vous quitte. La mauvaise nouvelle : vous commencez un nouveau livre.

p. 15

Longtemps, mon seul but dans la vie était de m'autodétruire. Puis, une fois, j'ai eu envie de bonheur. C'est terrible, j'ai honte, pardonnez-moi : un jour, j'ai eu cette vulgaire tentation d'être heureux. Ce que j'ai appris depuis, c'est que c'était la meilleure manière de me détruire.

p. 71-72

Il est assez exaspérant de s'apercevoir que l'on a les mêmes interrogations que tout le monde. C'est une leçon de modestie.
Ai-je raison de quitter quelqu'un qui m'aime ?
Suis-je une ordure ?

p. 96

En amour, la situation devient réellement inquiétante quand on passe du film porno au babillage. À partir du moment où l'on cesse de dire : « je vais te pourrir la bouche, espèce de petite pute » pour dire : « mon gnougnou d'amour chérie mimi trognon fais-moi un guili poutou ».

p. 118

Nouvelles sous ecstasy

Gallimard, « L'Infini », 1999 ; « Folio », 2000

Peut-on penser comme Baudelaire avec les mots de Bukowski ? Accroupi sur le sol métallique d'un loft de l'East Village, il contemple les sillons d'un vieux vinyl exotique en dégoisant des obscénités sur les disques compact.

« Un texte démodé », p. 24 (édition « Folio »)

Le plaisir présente un avantage : contrairement au bonheur, il a le mérite d'exister.

« Un texte démodé », p. 27

Certes, le jour où ils ont éventré Bernard-Henri Lévy et Arielle Dombasle – pourtant venus pacifiquement à leur rencontre pour engager le dialogue –, j'aurais dû me douter que notre tour viendrait. Mais j'ai fait comme les autres, j'ai cru que ce n'était qu'un incident isolé…

« Manuscrit trouvé à Saint-Germain-des-Prés », p. 44

Ils sont entrés dans le Flore. Sartre, reviens, ils sont devenus fous ! Enfermé aux chiottes, je vous griffonne cet adieu. Bruits de pas dans l'escalier. Les voilà. Ils tapent dans la porte.
Je ne crois pas que j'arriverai à devenir leur ami.

« Manuscrit trouvé à Saint-Germain-des-Prés », p. 45

Comme nous, les fêtes sont sans lendemain.

« Le cafard après la fête », p. 51

J'aime écrire les filles. Que faire quand on tombe amoureux de cent filles à la fois ? Leurs nombrils sont des piscines remplies d'huile solaire. J'avais seize ans quand ça a commencé. Maintenant j'en ai le double et rien n'a changé.

« L'homme qui regardait les femmes, 1 », p. 55

« Je préfère la culpabilité à la frustration », marmonne Frédéric car il a eu une éducation catholique.

« Extasy À Go-Go », p. 85

La porte du bonheur s'entrouvre. Le doux visage décoiffé de l'autre. La timidité, la crainte qui,

paraît-il, va souvent de pair avec les tremblements. Et Jonathan finit par poser la question qui le taraudait depuis sa promenade sur la plage :
« Dis-moi, euh… Es-tu une fille ou un garçon ? »

« La première nouvelle d'"Easy Reading" »,
p. 97

Il existe une zone de flou artistique entre le célibat dépressif et le mariage ennuyeux : baptisons-la bonheur. Le couple sert à protéger les lâches contre la vérité de ce monde, qui est la mort, comme dit Céline dans *Voyage au bout de la nuit* (même éditeur).

« La solitude à plusieurs », p. 101-102

99 francs

Grasset, 2000 ; « Folio », 2004

Pourquoi m'avez-vous laissé devenir le Roi du Monde ? Je voudrais percer ce mystère : comment, au sommet d'une époque cynique, la publicité fut couronnée Impératrice. Jamais crétin irresponsable n'a été aussi puissant que moi depuis deux mille ans.

p. 22 (édition « Folio »)

Je tiens à ce qu'on se souvienne que j'ai tenté de résister, même si je savais que participer aux réunions, c'était déjà collaborer. Rien que de t'asseoir à leur table, dans leurs morbides salles de marbre climatisées, tu participes au décervelage général.

p. 34

J'ai beau haïr ce que je suis devenu, il faut admettre qu'il n'existe pas d'autre métier où l'on puisse s'engueuler pendant trois semaines à propos d'un adverbe. Quand Cioran écrivit : « Je rêve d'un monde où l'on mourrait pour une virgule », se doutait-il qu'il parlait du monde des concepteurs-rédacteurs ?

p. 51

On montre l'Afrique comme contre-exemple aux pubeux, pour qu'ils soient pressés de rentrer chez eux, soulagés de constater qu'il y a pire ailleurs. Le reste de l'année devient alors acceptable : l'Afrique sert d'anti-appartement-témoin.

p. 141

C'est dommage de tomber amoureux aussi facilement. Il y a une explosion de sensualité qui pend au nez des gens maqués. Le plaisir est l'épée de Damoclès du mariage.

p. 165

(...) on dit qu'au moment de mourir on voit sa vie défiler mais Patrick, lui, revoit autre chose CARTE NOIRE UN CAFÉ NOMMÉ DÉSIR J'EN AI RÊVÉ SONY L'A FAIT GAP TOUT LE MONDE EN CUIR (...)

p. 296

Dernier inventaire avant liquidation

Grasset, 2001 ; « Folio », 2003

La littérature m'apparaît de plus en plus comme une maladie, un virus étrange qui vous sépare des autres et vous pousse à accomplir des choses insensées (comme de s'enfermer pendant des heures avec du papier au lieu de faire l'amour avec des êtres à la peau douce). Il y a là un mystère que je ne percerai peut-être jamais.

p. 17 (édition « Folio »)

Je n'aime pas les gens qui n'aiment pas Fitzgerald. Ils croient qu'il faut être mal habillé pour être un vrai rebelle.

p. 39

Il est assez amusant de voir que des milliers de romans du XXe siècle ont cherché constamment à fuir la civilisation. Comme si la littérature était le dernier lieu de résistance contre le progrès technique et industriel.

p. 63

Souvent, les grands livres roulent des mécaniques, on a l'impression qu'ils friment en klaxonnant : « Attention : chef-d'œuvre ! », alors qu'à la lecture de *Zazie dans le métro*, tout semble facile ; l'humour, la tendresse, l'irrespect, le je-m'en-foutisme montrent que parfois un génie doit savoir cacher son génie pour être un vrai génie.

p. 79

Le vice n'a aucun intérêt sans la culpabilité (tel est le credo des papistes Sollers et Ardisson). Mauriac est démodé mais il s'en moque : il s'ennuierait aujourd'hui, puisque tout est permis !

p. 83

Ulysse est sans doute un des romans que j'ai le plus détestés et pourtant c'est aussi l'un de ceux auxquels je pense le plus souvent. Quand je l'ai refermé avec soulagement, je savais que je ne serais plus jamais le même.

p. 111

Personnellement, je le dis tout net : je pense que le féminisme est la seule utopie réussie du XXe siècle. Je suis bien content que ma fiancée travaille : comme ça je ne l'ai pas toute la journée sur le dos et, en plus, elle ramène du fric à la maison.

p. 179

Il existe sûrement des gens qui n'aiment pas *L'Écume des jours*, qui trouvent ce livre nunuche ou puéril, et je voudrais ici même dire, solennellement, à ces gens que je les plains, parce qu'ils n'ont pas compris ce qui est le plus important en littérature. Vous voulez savoir ce que c'est ? Le charme.

p. 183

Certains livres sont inexplicables : ils paraissent sortis de nulle part et pourtant, quand on les lit, on se demande comment le monde a fait pour vivre sans eux. Le *Voyage* est de cette famille peu nombreuse : son évidence bouleverse la vie de tous ses lecteurs.

p. 197-198

Kafka serait-il le Nostradamus du XXe siècle ? Pas du tout, c'est le XXe siècle qui lui a obéi.

p. 211

Windows on the World

Grasset, 2003 ; « Folio », 2005

Vous connaissez la fin : tout le monde meurt. Certes, la mort arrive à pas mal de gens, un jour ou l'autre. L'originalité de cette histoire, c'est qu'ils vont tous mourir en même temps et au même endroit. Est-ce que la mort crée des liens entre les hommes ? On ne dirait pas : ils ne se parlent pas.

p. 11

Il y a des secondes qui durent plus longtemps que d'autres. Comme si l'on venait d'appuyer sur la touche « Pause » d'un lecteur de DVD. Dans un instant, le temps deviendra élastique. Tous ces gens feront enfin connaissance. Dans un instant, ils seront tous cavaliers de l'Apocalypse, tous unis dans la Fin du Monde.

p. 12

C'est une des leçons du World Trade Center : nos immeubles sont meubles. Ce que nous croyons stable est mouvant. Ce que nous imaginons solide est liquide. Les tours sont mobiles, et les gratte-ciel grattent surtout la terre.

p. 19

Le *Ciel de Paris* est tout ce qui reste du *Windows on the World* : une idée. Ce concept saugrenu et prétentieux d'un restaurant au sommet d'une tour qui domine la ville.

p. 43

Ma vie est un désastre mais personne ne le voit car je suis très poli : je souris tout le temps. Je souris parce que je pense que si l'on cache sa souffrance elle disparaît. Et dans un sens, c'est vrai : elle est invisible donc elle n'existe pas, puisque nous vivons dans le monde du visible, du vérifiable, du matériel.

p. 44

Bienvenue dans la minute d'avant. Celle où tout est encore possible. Ils pourraient décider de partir, sur un coup de tête. Mais Carthew se dit qu'ils ont le temps, qu'ils profitent de leur escapade new-yorkaise, et les enfants ont l'air contents.

p. 69

Oh j'aimerais tellement être hier. Revenir juste avant. Si c'était à refaire, je ne le referais pas. « Oh je crois en hier » (chanson des Beatles).

Les hélicos nous passaient devant et nous regardaient mourir. (paragraphe coupé)

p. 335

Ayez pitié de nous. Oh Lord, ayez pitié de Jerry, de David et de Carthew Yorston d'Austin, Texas. Have mercy on us. Et en arabe, comment ça se dit « mercy » en arabe ?

p. 352

J'entends encore le rire de Jerry qui serrait ma main et celle de son petit frère en plongeant dans le ciel. Merci pour ce dernier rire, oh my Lord, merci pour le rire de Jerry. Pendant un court instant, j'ai vraiment cru qu'on s'envolait.

p. 355

Quelque part, au loin, sur la mer, la lune ne va pas tarder à se refléter et alors l'eau ressemblera à une piste de danse ou à une pierre tombale. Je suis désolé de vivre mais mon tour viendra. Mon tour viendra.

p. 370

L'Égoïste romantique

Grasset, 2005 ; « Folio », 2006

Jeudi.
Et s'il ne s'était rien passé jeudi, vous voudriez que je le raconte quand même ?

p. 57 (édition « Folio »)

Au Korova, le restau de Jean-Luc Delastreet, Albert de Monaco soupe avec Claire Nebout et Cécile Simeone avec moi. Nous perdons notre temps : elles sont toutes les deux fidèles à leurs mecs. Ardisson dit qu'il faudrait rebaptiser cet endroit La Redevance. C'est un restau de service public !

p. 75

Il est 23 heures quand Cécile se lève pour rejoindre son mari. Je lèche sa chaise à l'endroit où elle était assise. Je suis jaloux des assiettes, des fourchettes et des chaises ; j'aimerais être un service à thé, un fauteuil de Mini Austin, un peignoir de bain de l'hôtel Lutetia.

p. 76

Hier soir, à un con qui lui demandait son adresse e-mail, mon ami Guillaume Rappeneau répond :
— Rappeneau@vatefairefoutre.com !
Ensuite baston générale, ecchymoses pour tout le monde, tournée d'hématomes.

p. 112

Mesdames, Mesdemoiselles qui nous lisez, si vous avez un amant marié, ayez pitié de sa femme, ne portez pas de parfum capiteux. Ni « Coco », ni « Poison », ni « Obsession » et surtout pas de « Rush ». Soyez charitables. D'avance merci pour elles et eux.

p. 112

Je crois que je sais enfin ce qui ne va pas : je voudrais être un héros. Me tenir debout à la proue du *Titanic* et crier que je suis le Roi du monde. Je voudrais boire la ciguë, conquérir des empires, changer la face du système solaire, renverser Danone.

p. 120

Le Grand Prix de la Phrase de la Semaine va à Frédéric Botton :

— Il est verre, mon vide.

C'était au Mathis Bar et je me suis dit que, décidément, j'aimais bien tous les Frédéric B. (Botton, Badré, Berthet, Boyer).

p. 121

En commençant ce journal, je voulais être Oscar Wilde, mais quand je l'achèverai, je ne serai probablement devenu qu'une sorte d'Armistead Maupin hétérosexuel.

p. 216

11 septembre 2001.
Les Twin Towers se sont écroulées. – Après-midi piscine.

p. 216

Shan Sa vient de publier son dernier roman. Apprenant la tragédie du Onze Septembre, elle s'écrie :
— Ils ne peuvent pas me faire ça !
C'était le « oh la vache » de la semaine.

p. 219

La Phrase de la Semaine fut prononcée sobrement, d'un ton droopiesque, par Pierre-Louis Rozynès hier soir à la Closerie des Lilas :
— Je m'ennuie tellement que je crois que je vais me mettre au golf.

p. 239

La Pétasse Inconnue a trouvé un mec qui n'est jamais content et qui envoie chier tout le monde. Il se prénomme Valéry et se prend pour *Scarface*. D'où le surnom que je lui invente : « Val Pacino ». J'ai cru qu'il allait me flinguer mais finalement nous sommes devenus amis.

p. 268

Kafka a tout raté (amours, travail, famille) pour réussir son œuvre. Je sens que je n'aurai pas ce courage. Je ne veux pas être triste pour être grand. Je refuse d'être malheureux pour écrire des choses profondes. Je souffre d'un déficit de dépression.

p. 282

On me dit : Angot a du rythme. Donc écrire une sottise une fois, c'est écrire une sottise. L'écrire deux fois, c'est une répétition. Et la répéter douze fois, c'est avoir du rythme.

p. 341

L'amitié entre hommes : est-ce un combat de coqs ? Une fascination jalouse ? Une rivalité déguisée ? Une solitude en bande ? Une homosexualité platonique ? Un concours de bites ? Ou bien un mystère qui apparaît, puis disparaît, spontanément, sans raison ?

p. 341

Mon éducation sexuelle au Lycée Montaigne : des diapos pourries, un schéma fléché, une prof boutonneuse en blouse blanche qui prononce des mots atroces comme « pénis », « verge », « utérus », « matrice » et « trompes ». J'aurais préféré apprendre comme la génération d'avant (au bordel) ou comme celle d'après (en vidéo).

p. 356

Au Secours Pardon

Grasset, 2007

Il y a des règles à respecter : ainsi le « nombre d'or » (1,61803399) qui est la hauteur de la pyramide de Kheops divisée par sa demi-base. Si vous divisez votre taille par la distance sol-nombril, vous devez obtenir ce chiffre, qui doit aussi être égal à la distance sol-nombril divisée par la distance nombril-sommet du crâne. Sinon vous êtes imbaisable.

p. 17

Chez moi on traite les enfants d'immigrés comme des délinquants à longueur d'année, jusqu'à ce qu'ils le deviennent, car les pauvres sont tellement obéissants qu'ils finissent par foutre le feu aux autobus et aux bagnoles, par courtoisie, pour ressembler à l'image qu'on leur projette d'eux-mêmes depuis la naissance.

p. 44

L'hédonisme mondialisé mise sur le même principe que le pouvoir stalinien : des menteurs qui s'adressent à des crétins. Mais l'hédonisme est plus vide que le communisme : c'est la première religion pessimiste. Alors, Dieu… c'est mieux que le goulag et moins cher qu'une Bentley. Quel étrange siècle…

p. 106-107

Les bras en croix sur le sol, j'enviais les arbres : eux au moins avaient des racines. Jusqu'alors, j'avais complètement oublié ma formation catholique et voici que, tout d'un coup, je demandais pardon au ciel sous prétexte que j'étais en dépression nerveuse. Amusant, non ?

p. 132

Au « Credo quia absurdum est » du vieux Tertullien (« je crois parce que c'est absurde »), je voulais opposer un nouveau credo : « je crois parce que ce n'est pas plus absurde que le reste ». Voilà : je voulais tordre Tertullien pour le rendre camusien. L'absurdité universelle peut englober l'existence de Dieu ; l'absurdité est très hospitalière.

p. 133

Nous sommes drogués au désir. Il nous faut notre dose de corps frais et nouveaux, la société nous a formatés pour être embrassés comme des enfants éternellement gâtés, égocentriques et amnésiques. En ce qui me concerne, j'évalue ma ration quotidienne minimale à environ un millier de baisers.

p. 139

Je ne suis ni athée, ni croyant : je suis nulle part et j'attends qu'il pleuve des filles.

p. 145

Votre longue barbe phosphorescente est mon phare dans la nuit. Louange à elle ! Si je puis me permettre, ce serait une bonne idée de la laver de temps en temps, car elle pue comme mon âme.

p. 163

Les dents étaient saines comme des amandes qu'on vient d'éplucher. J'ai regretté qu'elle n'ait pas un morceau de persil collé sur l'incisive, qui m'aurait permis d'échapper à son emprise.

p. 176

Sa bouche était un papillon qui butinait entre son nez et son menton. Vous me direz : les papillons ne butinent pas, ce sont les abeilles. Et je vous dirai : ta gueule, mon sous-patriarche, on voit que tu ne la connais pas, parce qu'avec Lena, les papillons butinent, et les agneaux feulent, et les aigles rugissent, et les orties hululent, un point c'est tout.

p. 177-178

À la fin de la Bible, l'Apocalypse présente la fin des temps comme une bonne nouvelle. L'année 2005 fut la plus chaude depuis 12 000 ans : youpi. Bientôt

Moscou sera au bord de la mer et l'on visitera Pétersbourg en bathyscaphe.

p. 274

Notre mode de vie accélère le mouvement final et les lobbies pétroliers résistent au changement. Peut-être que les C.E.O. (Chief Executive Officers) des multinationales ont, comme moi, hâte d'assister à l'Apothéose Terminale. Ou bien :
Ils se vengent seulement
De n'avoir plus quinze ans.

p. 275

NOTES DE LECTURE

Mémoires d'un jeune homme dérangé

La Table Ronde, 1990 ; « La Petite Vermillon », 2001

Marc Marronnier, vingt-quatre ans en 1990, ne le sait pas et n'est à première vue pas du genre à s'en soucier, mais il est l'avatar tardif d'une querelle toute littéraire. À l'origine de la dispute, une phrase de Montaigne : « Il faut légèrement couler le monde et le glisser, non pas l'enfoncer. » Répondant à Maurice Blanchot qui commentait ce conseil dans le sens d'une invitation, pour la littérature moderne, à se détourner de la profondeur, Jean-Pierre Richard prenait la défense de celle-ci : « C'est pourtant elle, et elle seule, qui pourra faire exister l'horizontal, qui fondera la relation, le glissement heureux de conscience à conscience, le libre étalement des surfaces (…)[1]. »

1. Jean-Pierre Richard, *Poésie et profondeur*, Introduction, Le Seuil, 1955.

Marc Marronnier est-il moderne ? Il est en tout cas superficiel. Il glisse, s'étale, finit donc souvent à l'horizontale, après avoir fait couler l'alcool du monde dans la seule profondeur qu'il connaisse, celle de sa gorge. Inaccessible aux profondeurs, donc, il ne coule jamais tout à fait, naufragé perpétuel et joyeux dérivant de fête en fête avec ses amis, les « ricaneurs pantalonnés ». Il y pense parfois (« cette équipée ne rimait pas à grand-chose »), mais sans se morfondre. Contre les sérieux qui méditent sur la mort ou sur Dieu, il rend ceux-ci insignifiants au regard de sa seule préoccupation, celle de sa gueule à la Dalton : « C'est la grande inquiétude de ma vie : mon nez et mon menton finiront-ils un jour par se toucher ? Il y en a qui s'angoissent à propos de la mort, de Dieu ou de l'élimination de l'Olympique de Marseille en demi-finale de la Coupe d'Europe. Laissez-moi rire ! Mon suspens à moi est plus urgent, il est sur ma tronche, c'est une morphopsychose ! » La profondeur est superficielle, elle tient sur un visage. Et si le monde a perdu sa substance, il faut s'en tenir aux petits accidents, quitte à les provoquer : « On dansait quand tout allait bien, pour lutter contre la morosité du bonheur. On tombait par terre quand tout allait mal, pour dormir sur ses ruines. » Osciller sans cesse autour de zéro, ni trop haut ni trop bas, pour rester presque au ras du monde, à la fois sur et sous lui, comme « sous les décombres ». Entre *allegro* et *lamento* « alternés jusqu'à l'épuisement ».

Installé dans sa confortable inanité, Marc Marronnier se moque de la mort et de la décision la plus irrémédiable la concernant, le suicide : « Après plusieurs tentatives de suicide que je le soupçonne d'avoir *involontairement* ratées, Jean-Georges a décidé de tromper autrement son ennui », « des gens dormaient, d'autres partaient, se suicidaient ou engageaient la conversation ». Si le suicide est la décision la plus grave, celle qui nous enfonce le plus, donc, il faut la ramener à l'insignifiance et à l'anodin, voire à la farce, comme quand Marc se jette dans le Grand Canal de Venise. Toujours ramener la profondeur à la surface ; contre le superlatif, jouer le superficiel.

Mais si Marc doit accomplir le programme de Montaigne et Blanchot, être résolument moderne, il doit l'être en tant que narrateur, pas seulement en tant que personnage. Ultime réalisation du projet moderne esquissé, l'inanité finit par pénétrer l'écriture elle-même, sous la forme de calembours plus mauvais les uns que les autres (« Anne était vaporeuse sur le *vaporetto* », « les Tchèques matent », « j'ai donc abordé un Tchèque dans la rue, mais il est resté de bois », etc.). Belle fidélité à Montaigne et Blanchot ! Beau refus, en violant au passage le précepte verlainien (« Fuis du plus loin la Pointe assassine, / L'Esprit cruel et le Rire impur »), de la proposition de Jean-Pierre Richard ! Marc Marronnier signerait donc, cinquante-cinq ans après, la victoire des uns sur l'autre, au prix même de la littérature.

Mais il ne faut jamais crier trop vite victoire. Car après s'être fait quitter par elle, Victoire, Marc rencontre Anne.
Revanche de la profondeur sur l'absurde, le fêtard tombe amoureux. Et il faut bien, à présent, trouver ce qui « fondera la relation, le glissement heureux de conscience à conscience ». Le récit devient alors réellement le champ de bataille des deux possibles : mondanité nomade contre sédentarité du couple, engagement contre légèreté, être contre paraître, substance contre accidents.

La première solution, sortir ensemble dans les fêtes, n'est pas la meilleure. Le jeune couple s'y essaye, mais il se heurte à l'incompatibilité de ces deux vies : « Alors qu'ensemble nous vivions en paix, la guerre était déclarée dès qu'il y avait du monde autour de nous. (…) On nous trouvait en pleine forme, chacun à un bout de la fête. Puis, la société se raréfiant, la brouille traînait en longueur et la nuit était perdue. Les torts étaient partagés, les blessures aussi. Il n'y avait ni vainqueur ni vaincu au jeu des sorties : juste un amour victime des paradis superficiels. L'amour et la fête n'ont jamais fait bon ménage. » Comme s'il fallait choisir entre le romantisme amoureux, contre Blanchot, et la désinvolte relation festive, contre Richard : la mer alcoolique et vaine ne permet pas l'amour, même sur pilotis.
Mais Marc ne tranche pas, et son histoire n'est ni celle d'une conversion ni celle d'un renoncement, elle est celle d'une, peut-être fragile, conciliation.
Si la profondeur de l'amour est exclusive et que l'on reste attaché à la multiplicité, il suffit que l'unique objet de l'amour se multiplie. C'est ce miracle qui s'opère : « Je regarde Anne et que vois-je ? (…) en une seule matinée je connaîtrai vingt femmes dif-

férentes, de la petite fille modèle qui regarde la télé en mâchant un chewing-gum lui gonflant la joue, à la dactylo populaire qui se lime les ongles en téléphonant, en passant par la dépressive hystérique qui meurt d'angoisse en fixant le plafond, sans oublier la maîtresse fleur bleue. Comment voudriez-vous que je m'en lasse ? »

Si, confronté à l'amour, Marc Marronnier n'a pas à choisir entre le profond et le superficiel, entre l'être immobile et le devenir fuyant, c'est finalement parce qu'il découvre que la vie quotidienne, sinon tumultueuse, peut être une des formes du divertissement ; il faut pouvoir rester dans sa chambre, à condition d'y faire entrer le monde et son mouvement : « regarder Anne était devenu mon passe-temps favori », « le meilleur remède contre la vie quotidienne, c'est le culte du quotidien, dans sa fluidité ».

Ni Blanchot ni Richard, donc, pour être moderne. Profondément superficiel ou superficiellement profond, la difficulté demeure, bien sûr, symbolisée par une inquiétante, ou encourageante ?, bienveillance : de Marc, Anne tolère les calembours.

Ulysse Korolitski

Vacances dans le coma

Grasset, 1994 ; « Le Livre de Poche », 1996

Frédéric Beigbeder est, en 1994, un jeune romancier de vingt-neuf ans. Il signe avec *Vacances dans le coma* le deuxième volet de la trilogie commencée avec son premier roman, *Mémoires d'un jeune homme dérangé*, et qui s'achèvera avec *L'amour dure trois ans*. « Marc Marronnier a vingt-sept ans, un bel appartement, un boulot marrant et pourtant il ne se suicide pas » : on ne pourrait pas rêver meilleur incipit pour nous plonger dans l'univers de Beigbeder, savant mélange d'humour grinçant, de légèreté et de mélancolie. Le livre comporte treize chapitres qui correspondent, chacun, à une heure. Nous allons vivre avec le héros l'inauguration du nouveau club très privé qui ouvre ses portes à Paris, place de la Madeleine : Les Chiottes. Les invités sont triés sur le volet ; il doit d'être sur la guest-list à l'un de ses nombreux métiers à noms composés : chroniqueur nocturne, et à une vieille connaissance : Joss Dumoulin, le disc-jokey le plus en vue du monde de la nuit, de Tokyo à Ibiza. Marc Marronnier ne cache pas sa joie d'être de la fête et nous sautons à pieds joints dans l'égrenage survolté des heures. À dix-neuf heures il revêt ses habits de fête : une chemise blanche et une cravate bleu marine à pois blancs. Paré, il arpente les rues du VIIIe arrondissement, paisible derrière ses lunettes, en proie à un mélange d'anxiété (revoir son vieil ami Joss qui, lui, a indéniablement réussi) et d'excitation (toutes ces jeunes nymphomanes qui vont le dévorer). Cette marche à pied va être aussi l'occasion de citer Barthes, de méditer sur les camions de blanchisserie et la mort, qui arrivent toujours trop tôt… Vingt heures : Les Chiottes ouvre ses portes, le flot mondain se déverse. Après les salutations d'usage et les retrouvailles émues avec Joss, Marc Marronnier se précipite vers le bar tel un naufragé à la vue des palmiers et, malgré les conseils de son médecin, enchaîne les lobotomies à un rythme endiablé. Son excitation est de plus en plus sourde. Il ressemble à un vieux monsieur nostalgique perdu au milieu d'adolescents dégénérés. Du haut de sa courte vie, il dresse, à la manière de Perec, une liste des oubliés de son existence : on y retrouve le cinéma Cluny, Yves Mourousi et Björn Borg. Il pourrait être sur un banc public, dans son lit ou dans le bus 84, il crie son chagrin sur de petits Post-it jaunes sans même lorgner les nymphettes en robes moulantes qui, elles non plus, ne lui jettent pas un regard. Vingt et une heure, le dîner commence. Ses convives sont ceux qu'il a croisés hier à un vernissage de la rue de Seine ; il les retrouvera demain à l'avant-première du dernier film de… Aucune surprise de ce côté-là. C'est à lui de se creuser la tête pour rire un peu. Vingt-deux heures. Marc Marronnier a la bonne idée de tester sur ses voisins de table, au beau milieu du chaos gastronomique, un petit jeu de son cru : le « name-forgetting », qui consiste à parler d'une célébrité en faisant semblant d'avoir oublié son nom de famille, le but du jeu étant de ne jamais révéler le fameux patronyme. Vingt-trois heures, le dîner s'achève, la fête commence. Les danses les plus improbables et les premières approches professionallo-sexuelles s'entremêlent sur fond de techno assourdissante. Mais Marc Marronnier n'est pas dupe de l'excitation ambiante : il voit avec les yeux du désespoir toute cette masse argentée, qui ne rêve que de contenance et d'élégance alors que les odeurs de transpiration saturent l'air des Chiottes. Le monde est ce qu'il est ; malgré sa lucidité il n'y pourra rien changer. Minuit sonne ses douze coups et la fête est à son comble. Le quart d'heure américain est une aubaine pour Marc qui tournoie avec délice dans les bras d'une photographe à la mode. Cette touche romantique va vite être assombrie par la tentative de suicide de la petite amie de Joss Dumoulin. Il se trouve que notre héros n'est pas un mauvais bougre et qu'il tient à sa bonne conscience : c'est avec douceur et attention qu'il va veiller sur Clio, dont les bras sont parsemés des débris de verre d'un pichet de cocktail. Une heure du matin. Le désespoir de Marc Marronnier va grandissant. Il aperçoit avec horreur l'idée d'un retour en taxi désespérément seul. Le bar, une fois encore, est un oasis salvateur pour sa déprime. Ses réflexions sur la vanité de l'existence le dévorent et il aboie sur toutes les jeunes filles qui l'approchent. Convoquer Montaigne ne le rend que plus acide sur sa condition de jeune homme branché de l'Ouest parisien. Pour se sortir de sa morosité tenace, il décide qu'à deux heures du matin il est temps de prendre l'air, de se rasséréner dans la nuit glacée. Affublé de quelques compagnons, il veut aller au plus près des étoiles et les voilà partis – après avoir saccagé, pour rire, quelques magasins de luxe – sur les échafaudages de l'église de la Madeleine. Il n'est plus question de se mentir et de faire bonne figure mais plutôt de refaire le monde, de cracher sur la société décadente régie par les profits et le sexe. L'éructation, même perché sur un monument historique, est rarement productive mais a le grand avantage de faire se sentir moins seul… À trois heures, il est temps de regagner Les Chiottes. Et le clou du spectacle a enfin lieu : la chasse d'eau se déverse sur la foule hypnotisée par la fatigue et les stupéfiants. Frédéric Beigbeder, roi des bons mots qui étonne dans son rôle de prophète anarchiste, a trouvé là une bonne métaphore du déluge et de la fin du monde. Les « survivants » du sinistre sont les élus, ils se réveillent dans un nouveau monde, plein de promesses. La destruction pour mieux reconstruire… Marc sort victorieux de la chasse d'eau puisqu'il se réveille, ébahi, dans les bras de la plus douce des femmes, une femme qui, elle, ne lui inspire que douceur et joie. Ce qui est le plus étonnant peut-être, c'est qu'à quatre heures du matin les volutes amoureuses ne se dissipent pas : Marc et Anne ne se quittent plus, il veille sur elle comme sur le plus précieux des trésors.

À cinq heures, les clubbeurs s'endorment et Marc Marronnier découvre des cadavres dans les toilettes : chaque nouvelle ère a ses martyrs. Il est six heures, il est temps pour notre chroniqueur nocturne de rédiger son papier et de prendre un taxi avec la belle Anne. Le couple s'endort au petit matin, dans le confort d'un appartement parisien propret, où les draps sont accueillants et le réveil lointain.

Céline Ottenwaelter

L'amour dure trois ans

Grasset, 1997 ; « Folio », 2001

Marc Marronnier est triste. C'est normal : l'amour dure trois ans. Il y a de quoi salement déchanter. On se marie la fleur à l'alliance et le sourire aux lèvres, et trois ans après, c'est mathématique, le verdict tombe : l'amour est mort. Vérité sociologique, drame biologique, le constat afflige l'ancien *jeune homme dérangé* devenu un adolescent de 31 ans toujours pas rangé. Alors il boit, se drogue, fait la tournée 5 bis (Castel-Buddha-Bus-Cabaret-Queen

et retour dans la même nuit). Comme il n'est plus si jeune, il a la gueule de bois. Pour changer, il tente de se suicider en se pendant à une corde faite de cravates Paul Smith nouées – « les tailleurs anglais choisissent toujours des matières résistantes » –, mais même ce geste de désespoir échoue. Il n'est bon à rien. « TOUT HOMME ENCORE EN VIE APRÈS TRENTE ANS EST UN CON », ce slogan qu'il a lui-même collé sur la télévision la veille, pensant faire un bon mot par-delà la mort, lui saute à la gorge au réveil.
« Beigbeder raconte toujours la même aventure écervelée, celle d'un sale gosse de riches qui drague des pouffiasses au lieu d'aimer sa femme. On voit l'ambition du projet : rivaliser avec Alexandre Jardin. » Cette critique, c'est l'artiste lui-même, en pourfendeur de son œuvre, qui l'écrit. Si vraiment le roman tournait autour de la fameuse thèse des trois ans, la remarque, quoique acerbe, serait peut-être pertinente. Entre *Fanfan* et – soyons bon prince – *Belle du Seigneur*, la critique du mariage et de la vie de couple est un sujet rebattu et, à force, vaguement agaçant. Mais *l'amour dure trois ans*, cet implacable théorème de la vie du couple, est pour Marc Marronnier un mensonge éhonté. Malgré cette

formule choc qu'en bon publicitaire il répète à l'envi à tous ses amis (et il n'a que des amis, le noctambule stakhanoviste), il ne dupe personne. Le livre est surtout une jolie et tendre histoire d'amour. C'est vrai que le mariage du héros a duré trois ans. C'est vrai aussi que sa description de la lente décomposition de l'amour passé au filtre de la conjugalité est aussi tordante que glaçante. On s'y croirait – on s'y voit. « J'ai mérité cette débâcle. J'étais comme tout le monde, comme vous qui me lisez, persuadé d'être l'exception qui confirme la règle. » Mais sous ses airs de Werther désabusé, Marronnier cache un vrai cœur d'amoureux éconduit. Cette histoire d'amour qui ne dure pas toujours n'est que poudre aux yeux. S'il est triste, le héros, c'est parce qu'il aime sans retour. Au début au moins. Le fantôme d'Anne, la belle ex-femme, masque mal Alice, la passionnément convoitée. Ce qui pourrait n'être qu'une banale « tranche de vie » est une chasse au trésor organisée. Sous les slogans définitifs – « la première année on achète les meubles, la deuxième année on déplace les meubles, la troisième année on divise les meubles » –, se cache un petit cœur qui saigne. Derrière la romance Prisunic trône une bibliothèque idéale. Les titres des chapitres – « L'homme de trente ans », « Les illusions perdues », « Tendre est la nuit » – ne sont que le reflet de cette histoire littéraire qui sourd à chaque occasion. Les références musicales pleuvent, de la variété : « Sur la plage, abandonné », qui évoque la crinière de lionne de Bardot, à : « Avec le temps, on n'aime plus », qui rappelle celle, tout aussi léonine, de Ferré. L'auteur croit être Jardin quand il pose les questions kantiennes des *Fondements de la métaphysique des mœurs* : « Qui suis-je, que m'est-il permis d'espérer, qu'est-ce que l'homme ? » Beigbeder y répond en s'appuyant sur les trois B : Barthes, Blondin, Barbara Cartland. Fragments d'un discours amoureux entrecoupés d'une série de cuites et brumisés d'eau de rose, le livre est, au fond, un petit traité désinvolte de l'amour. D'une nonchalance étudiée, la langue y est décousue, entre classicisme littéraire, culture pub et hoquets éthyliques. Mais elle est aussi tendrement cynique, doucement ironique. Un « ragoût romantique » qui rend *L'amour dure trois ans*, ainsi que son héros, si séduisants.

Laure Mentzel

Nouvelles sous ecstasy
Gallimard, « L'Infini », 1999 ; « Folio », 2000

Ouvrant *Nouvelles sous ecstasy* vous constaterez qu'il s'agit bel et bien de nouvelles (dont la table vous indiquera qu'elles ont été écrites entre 1990 et 1999), mais vous aurez rapidement un doute : où est l'ecstasy promise ? Il est question de l'amour, du sexe, de la mélancolie, du désir de fuite, de la police, du sida… Il y a certes un personnage qui prend une gélule censée l'empêcher de dormir, mais de quoi s'agit-il ? D'un médicament, peut-être ? Vous commenciez à vous inquiéter, quand vous êtes arrivé à la quatrième nouvelle : « La première gorgée d'ecstasy ». Bon, la promesse est tenue. Beigbeder remplit son programme : grâce à lui, le MDMA fait « son entrée dans l'Histoire des Lettres ». Six pages denses et précises pour décrire ce qui se passe quand on avale la petite pilule, et cette conclusion : « L'ecstasy fait payer très cher ses quelques minutes de joie chimique. Il donne accès à un monde meilleur, une société où tout le monde se tiendrait par la main, où l'on ne serait plus seul (…). Il vous laisse entrevoir tout ça, et puis, tout d'un coup, sans prévenir, il vous claque la porte au nez. » Soit la montée et la descente, cette rhétorique des narcotiques, telle que Cocteau, déjà, l'avait décrite dans *Opium*.

Aussi, quand vous lisez les nouvelles suivantes, êtes-vous moins surpris de rencontrer une foule cernant le Flore pour y massacrer ce qu'il reste de Germanopratins (« Manuscrit trouvé à Saint-Germain-des-Prés »), des filles de seize ans qui s'exposent, sublimes et méprisantes, au « voyeurisme balnéaire » (« L'homme qui regardait les femmes, 1 ») ou Frédéric Beigbeder lui-même à la recherche de « something special » dans les bordels de Phuket (« Extasy À Go-Go ») ; mais fort peu d'ecstasy (celle de la nouvelle précédente étant d'autres nature et orthographe). Car, passant d'un texte à un autre, vous avez progressivement compris que, semblable en cela à Dieu, cette drogue n'était invisible que pour être partout à la fois.

Et, reprenant le recueil du début, cela vous saute aux yeux : non seulement elle modifie style et syntaxe (une nouvelle entière formée de questions – « Spleen à l'aéroport de Roissy-Charles-de-Gaulle » –, une autre dont la seule ponctuation est le deux-points – « L'homme qui regardait les femmes, 2 »), mais elle mène le jeu de bout en bout. Auteur, personnages, phrases : elle règne en souveraine sur tout le présent royaume. Ou bien est-elle semblable à Virgile quand il accompagne Dante du paradis (montée) à l'enfer (descente), abolissant le purgatoire au passage, comme certains théologiens post-modernes ; on est plus rapide aujourd'hui. Elle nous guide à travers les méandres de l'âme et du corps, et imprime son rythme propre à la marche.

Le monde qui apparaît ici est, en somme, son monde. Un monde qui est « une immensité vide et obscure » oscillant entre l'absurde et l'horreur, entre de brefs enchantements tout de suite déçus et une tristesse irrémissible, qui parfois semble seule capable de donner un sens à ce « n'importe quoi ». Un monde hilarant et mélancolique, allègrement désabusé, euphoriquement las, où rien n'arrive que par hasard ou dérision. Quelques éclaircies surgissent de temps en temps. La beauté, le plaisir, une femme plus aimée que les autres font connaître aux personnages la tentation de l'espoir, mais ils ne durent pas. L'ecstasy (ou autre) y pallie quelque temps, et la ronde insensée repart.

Par sa redoutable grâce, vous aurez vu tournoyer les thèmes et figures favoris de Frédéric Beigbeder, qui s'est offert le plaisir de faire tenir dans les cent douze pages d'un recueil virevoltant et mutin un condensé *trash* de son œuvre entière.

Florent Georgesco

99 francs

Grasset, 2000 ; « Folio », 2004

On ne présente plus Octave Parango, désormais décliné au cinéma ; ce jeune concepteur-rédacteur de l'agence *Rossery's and Witchcraft* vend un yaourt allégé, « maigrelette ». Lassé, il décide d'écrire un brûlot pour se faire virer. « Tout écrivain est un cafteur. Toute littérature est délation. Je ne vois pas l'intérêt d'écrire un livre si ce n'est pas pour cracher dans la soupe. » Au cynisme glacé du personnage s'ajoute une sensibilité passionnée mise à mal par Sophie, celle qu'il aime et qui le quitte. En partie autobiographique, *99 francs*, c'est l'inéluctable trajectoire du trentenaire englué dans ses

contradictions, sujet qui depuis ne compte plus ses émules.
« Ne plus conjuguer les verbes ; je tu il nous vous ils ; devenir infinitif ; comme dans un mode d'emploi ou une recette de cuisine ; sombrer ; traverser le miroir ; enfin se reposer ; faire partie des éléments. » Dans une ultime tentative, un élan testamentaire, un art poétique posthume, le narrateur de *99 francs* déroule une dernière fois ces pronoms comme autant de chapitres, d'actes et de scènes, comme une tentative d'épuisement du sujet. Octave veut disparaître (d'une certaine manière) en entraînant avec lui un modèle tutélaire qui ronge les années quatre-vingt-dix, ce parangon de réussite : les publicitaires des années quatre-vingt. Il ressuscite alors les lieux les plus ringards, du « tarladiladada » sénégalais aux promenades floridiennes chargées de chairs tirées montées sur patins à roulettes. Car ce modèle pèse, écrase la France, à l'aube de l'an deux mille. Il a de surcroît engendré un monstre hanté de cauchemars, le narrateur lui-même : « jamais crétin irresponsable n'a été plus puissant que moi depuis deux mille ans ». Tout y passe, depuis le jargon jusqu'à la hiérarchie, des ficelles du métier jusqu'à ses hochets.

La plume de Beigbeder, sardonique et corrosive, est trempée dans l'insolente fatuité des pubards afin de mieux l'épingler. Dans une société capitaliste de consommation, apprend-on, le maître incontesté, c'est le publicitaire. Rien ne lui résiste, personne n'est en mesure de contrebalancer son pouvoir. Les médias ont besoin d'eux, ils sont les garants de butyreux revenus pour les industriels et régentent les consommateurs en créant des besoins, suscitant des désirs. *99 francs* est un drôle exercice de sociologie participative dont les conclusions sont négatives et alarmantes. La même pulsion conquérante et brutale anime les hommes, on parle toujours de « stratégie », de « cibles », de « campagnes ». Dans ce monde de brutes, Octave désire quelques grammes non pas de finesse mais de coke.

Le narrateur fait immanquablement penser à l'Octave des *Caprices de Marianne* d'Alfred de Musset. Dans le drame romantique, Octave est un libertin qui fait l'apologie du plaisir naturel. De même dans le roman de Beigbeder, le narrateur aime les putes, éprouve une considération distinguée pour la drogue. Le « plaisir sans douleur ». Mais, à la manière des frénétiques, courant littéraire du romantisme mineur proche de Musset, le cynique hédonisme s'allie à une exacerbation des passions. L'irrévocable incompatibilité de ces deux facettes entraîne un déchirement que Beigbeder restitue avec acuité, aux couleurs de notre époque, érigeant son Octave au rang de personnage littéraire, de héros romantique, avec cette tension, cette complexité qui en fait un sujet inépuisable. Ainsi, on comprend que le « mal du siècle » ne nous a jamais quittés.

À la fois dictateur, maître au sommet de la chaîne productiviste, adolescent attardé, Octave est aussi, à trente-trois ans, une figure christique. Bien décidé à expier les péchés dont il s'est rendu coupable et vers lesquels la société l'a poussé par les épaules, il cherche à se rédimer par la prose, lui qui répandait son infernale puissance à travers des *baselines* (comprendre « slogans », mais en plus branché) aussi ouvragées qu'un maléfique vers de Baudelaire : « Je veux sauver mon âme avant de déguerpir. Je rappelle “qu'il y aura plus de joie dans le ciel pour un seul pécheur qui se repent que pour quatre-vingt-dix-neuf justes qui n'ont pas besoin de se repentir” (Évangile selon saint Luc). »

À la lumière de cet extrait, le titre prend un autre aspect ; on dépasse le champ de la publicité. Il n'est plus seulement question de prix fixé par une stratégie de marketing qui cherche à ne pas dépasser la barrière psychologique d'un prix à trois chiffres. Les « quatre-vingt-dix-neuf francs » rappellent tous ces justes qu'Octave, las d'enculer, rêve de rejoindre. Il aimerait retrouver le goût de la passion, ses élans, lui qui n'en connaît plus que les désastres. Hélas, les rendez-vous sont systématiquement manqués et les victimes de l'erratique inconduite du narrateur sont nombreuses. Tout cela éloigne chaque jour un peu plus Octave d'une improbable réalisation de ses aspirations, inextricable victime d'une détermination qui le dépasse.

La prose de Beigbeder est un théâtre monstrueux, l'impossible alchimie de différents états de la langue, le nivellement aberrant d'une ligne de crête éclatée. Affleurent à la surface du texte l'ombre de Rimbaud et celle de Pascal en même temps que des slogans publicitaires qui s'imposent à l'esprit avec une semblable évidence. La plume est habitée et le parasitage du discours finit par former la chair même de l'écriture.

Jean-Baptiste Scieux

Dernier inventaire avant liquidation

Grasset, 2001 ; « Folio », 2003

L'été 99, la FNAC et *Le Monde* eurent une idée amusante : proposer à leurs clients et lecteurs d'élire « les 50 livres du siècle » (choisis sur une liste établie par des professionnels). Six mille personnes répondirent. Leur choix donna lieu à une émission sur Paris Première, où l'on vit Frédéric Beigbeder commenter chacun des chefs-d'œuvre ainsi officialisés, chroniques qu'il reprend et étoffe dans ce petit livre. Nous voyons ainsi se dérouler, à la manière d'un Top 50, c'est-à-dire du cinquantième au premier, une liste baroque, avec des surprises (n°23 : *Astérix le Gaulois*) et des absences totales de surprise (n°1 : *L'Étranger*), des bonheurs (Proust se haussant à la deuxième place) et des agacements (Steinbeck loin devant Fitzgerald), la couleur dominante restant l'amusement de voir jetés les uns contre les autres dans cette empoignade des écrivains aussi disparates.

Frédéric Beigbeder aurait fait d'autres choix, mais il ne s'attarde pas sur ce point. Il ne commente pas une liste, il commente des livres. Ses choix personnels, il se contente de les égrener en préface, contre-liste

qui vaut d'être citée in extenso : « Aragon, Artaud, Aury/Réage, Barjavel, Bataille, Besson, Bory, Brautigan, Capote, Carver, Cendrars, Cioran, Cocteau, Colette, Cossery, Dantec, Debord, Desnos, Dick, Drieu La Rochelle, Echenoz, Ellis, Fante, Frank, Gary/Ajar, Genet, Gombrowicz, Grass, Guibert, Guitry, Hamsun, Houellebecq, Huguenin, Jaccard, Jauffret, Kerouac, Kessel, Larbaud, Laurent, Léautaud, Lowry, Malaparte, Matzneff, McCullers, Miller, Modiano, Montherlant, Morand, Musil, Nabe, Nimier, Noguez, Nourissier, Parker, Pavese, Pessoa, Pilhes, Pirandello, Prokosch, Radiguet, Roché, Roth, Rushdie, Salinger, San-Antonio, Selby, Sempé, Simenon, Sollers, Toole, Toulet, Tzara, Vailland, Vialatte, Weyergans… »
Il n'y a bien sûr pas de contradiction réelle entre ces listes, et certains des auteurs du Top 50 pourraient sans doute entrer dans celle-ci, à en juger par la chaleur des chapitres qui leur sont consacrés (on peut penser à Kundera, Fitzgerald, Sagan, Joyce, Nabokov, Vian ou Céline). On peut cependant rêver sur un deuxième tome, que d'ailleurs Beigbeder laisse entrevoir, et qui serait une histoire littéraire intime, un autoportrait par les livres. Mais tel n'est pas ici

son propos. Il s'agit pour le critique littéraire de se livrer à un exercice : se soumettre à un choix extérieur, et tenter de parler de chacun des livres imposés avec autant de justesse et de brio. Et il s'agit pour le lecteur invétéré, c'est-à-dire pour l'écrivain, de contribuer à secourir un univers menacé, qui se trouve être le sien. Puisqu'on rassemble les gens autour de ce panthéon de fortune, profitons-en pour les convaincre d'aller y voir de plus près. Et puisque beaucoup sont effrayés par la pédanterie, l'esprit de sérieux et d'exclusion qui s'attachent trop souvent à la littérature, profitons de cette occasion qu'offre la télé pour leur en parler plaisamment, joyeusement, élégamment. Avant qu'il ne soit trop tard, désacraliser la littérature : « Pour moi, rien n'est plus criminel que de la présenter sous un jour solennel (...), car le livre est, aujourd'hui plus que jamais, en danger de mort. » Ce souci, qui justifie le titre, donne à cet exercice dont on pouvait craindre qu'il ne soit que brillant une tonalité secrètement sombre, tendue, qui le rend plus attachant encore.

Florent Georgesco

Windows on the World

Grasset, 2003 ; « Folio », 2005

Carthew Yorston n'avait pas très envie de monter, à huit heures et demie du matin, au sommet de la tour Nord du World Trade Center, mais Jerry et David, ses enfants, tenaient tellement à ce brunch au Windows on the World, le restaurant « unbelievable » du 107e étage : il a cédé. Nous sommes le 11 septembre 2001, et il ne le sait pas. Dans quelques minutes, un avion traversera le ciel. Dans deux heures, Carthew sera mort, Jerry et David seront morts, la tour ne sera plus qu'un amas de tôle, de poussière et de chair déchiquetée, rien d'autre bientôt qu'un souvenir. Mais il ne le sait pas.
Frédéric Beigbeder, un an plus tard, au sommet de la tour Montparnasse, le sait, lui, et ce souvenir ne le quitte pas. Frédéric Beigbeder est romancier. Il invente chaque matin, au Ciel de Paris, sorte d'équivalent français du Windows, les derniers instants de Carthew, Jerry et David, qu'il a inventés eux aussi, ou plutôt élus, parmi les milliers de possibles réunis ce jour-là dans les tours new-yorkaises. *Windows on the World* sera son cinquième roman, le premier où

il apparaîtra sans masque, sans prête-nom, sinon sans double, nous verrons cela. Il n'y sera que l'écrivain méditatif observant par les baies vitrées la brume envahir Paris, enfin disponible à ce qui n'est pas lui, et recréant l'Histoire.

Le récit progresse ainsi, d'un pied sur l'autre, du romancier aux personnages, de Paris à New York, du présent au passé – de la vie à la mort, et retour. L'avion pénètre le gratte-ciel. L'auteur lit la Bible. La fumée envahit le restaurant. Il consulte les témoignages publiés par le *New York Times*. Les clients tentent de fuir dans les étages inférieurs. Il se renseigne sur la tour Montparnasse. Les clients remontent vers le toit. Il se souvient de ce qu'il faisait quand on lui a appris, ce 11 septembre, que l'attentat venait de se produire. Etc. Cela pourrait tourner au procédé formaliste, et assécher le texte, si la fiction qui naît à mesure, dans les interstices, ne savait s'imposer avec cette force et cette évidence. En se mettant en scène en train d'imaginer son livre, Beigbeder le libère paradoxalement de lui-même. Les personnages prennent leur liberté, assurent leur voix, s'imposent. Il n'y a pas d'écran entre la tragédie où ils se trouvent embarqués et le

lecteur horrifié. La constante présence de l'auteur, loin de parasiter le récit, en accroît l'impact. C'est sa plus grande réussite : construit sur le côtoiement de deux pôles, *Windows on the World* est un champ magnétique qui absorbe tout, lecteur compris.
D'autant que ces pôles ne sont pas statiques. Ils avancent l'un vers l'autre jusqu'au terme du livre, dans un processus d'identification qui représente, par rapport aux précédents romans de Beigbeder, un renouvellement et un approfondissement impressionnants de sa manière. La distance est toujours maintenue : il est vivant et ils sont morts, il ne peut y avoir de lui à eux, en dernier ressort, que de l'effroi et de la compassion. Mais penser à eux, c'est se glisser brièvement dans leur peau, participer de leur destin. Dans le ralentissement du temps propre à la fatalité, qui permet à Carthew, entre le choc et la destruction, de revoir sa vie, se découvre comme un *jumeau* de l'auteur. L'échec du couple, le désir irrépressible d'aimer une femme à l'exclusion des autres, et l'impossibilité d'y parvenir, l'immaturité, la lâcheté, la culpabilité : les thèmes beigbederiens cardinaux se retrouvent chez l'un et l'autre de ces doubles étrangers dans leurs tours respectives.

Frédéric aurait pu être Carthew. Carthew aurait pu être Frédéric. Le conditionnel est le mode spécifique des fraternités romanesques.
De même, quand le fils cadet, David, prenant peu à peu conscience de ce qui lui arrive, s'invente une mythologie défensive express (« le 11 septembre 2001, j'ai découvert que mon père avait des superpouvoirs »), l'auteur se lance, dans une tentative désespérée, à la recherche d'une nouvelle utopie pour l'ère dont ces attentats ont marqué la naissance. Venu à New York, il rencontre le philosophe Troy Davis et, pendant que David attend de son père qu'utilisant ses pouvoirs il suspende le temps, rêve avec lui d'une démocratie planétaire, où seraient abolis la misère, les dictatures, les guerres, le terrorisme... où, en un mot, le mal disparaîtrait magiquement du monde. Mais Carthew n'est pas Superman, David meurt étouffé, et le monde est le monde. Il ne restera plus à Beigbeder, à la dernière page du livre, qu'à jouer dérisoirement, à son tour, au superhéros, pour achever de *rejoindre* l'enfant disparu, et par lui tous ses personnages. Le livre est écrit, le témoignage a été porté, la vie peut reprendre. On ne se réveille pas du cauchemar de l'Histoire. Il arrive cependant

que, appuyés sur l'imaginaire, ce seul recours, nous apprenions à vivre au milieu des ruines dont elle parsème la terre, et trouvions un apaisement. *Windows on the World*, roman de l'avancée inexorable du destin, en est une démonstration déchirante et lumineuse.

Florent Georgesco

L'Égoïste romantique

Grasset, 2005 ; « Folio », 2006

Expression ultime d'une attitude dandy, Frédéric Beigbeder interroge l'écriture romanesque à l'occasion d'un vrai faux journal sur le modèle du *Journal intime d'Archibald Olson Barnabooth* de Valery Larbaud. Il emprunte son titre à Fitzgerald, *The Romantic Egotist*, pour se définir lui-même. Comme tout écrivain qui se respecte, Frédéric Beigbeder est narcissique et intransigeant, mais il est aussi fleur bleue, la littérature lui servant à draguer les filles, à plaire, à séduire. La légèreté est son obsession et jamais il n'enfreint les règles de l'élégance. Quitte à délaisser son principal sujet, c'est-à-dire lui-même, en prise avec les affres de l'introspection. Il critique l'autofiction en tant que telle, mais la publication de ce journal revêt la forme d'un aveu : rien n'est plus intéressant que de raconter sa vie. Tenir un journal, c'est « décréter que sa vie est passionnante ». Postulat de départ de toute bonne littérature. L'autre interrogation porte sur la matière même de l'écriture : c'est un « jeu avec le je » où l'instance narrative prétend tout dévoiler, quand elle ne fait que tricher et mettre en scène la duplicité de l'écrivain. Frédéric Beigbeder se cache derrière les oripeaux d'un double romanesque inédit, Oscar Dufresne (petit frère de Marc Marronnier et d'Octave Parango) et décrit avec un humour mordant les dérives d'un bourgeois érudit et déglingué. Il n'est pas question de ressasser l'éternelle question de la sincérité : Frédéric Beigbeder cherche au plus profond de lui-même les raisons de ses turpitudes, tout en reconnaissant ne pas aller jusqu'au bout. La peur de l'angoisse et de la dépression le retient chaque fois, à la dernière minute, mais l'auteur est conscient qu'il faut la dépasser pour écrire un grand roman flaubertien

(« un roman français »). Dans *L'Égoïste romantique*, on entend la voix de Frédéric Beigbeder avec son intelligence, son charme et sa fantaisie. Oscar Dufresne (OD) prétend être ce que Frédéric Beigbeder aurait rêvé d'être – avec tous ses excès, mais il l'est vraiment.

L'art de la belle phrase est un piège et Oscar joue de cet exercice de style pour mieux s'en débarrasser. Procédé récurrent qui permet d'être spirituel et d'adopter une posture comique de philosophe. « Plus je gagne de l'argent, moins ma vie est enrichissante. » Les aphorismes abondent avec toujours plus de talent et, de temps en temps, comme pour se reposer, on laisse le soin à d'autres de les formuler. Les fameuses « Phrases de la Semaine » sont signées Édouard Baer ou Thierry Ardisson. Ce n'est pas tant les jeux d'esprit qui l'occupent que le plaisir des mots, comparable au plaisir des sens. Frédéric Beigbeder aime la littérature par-dessus tout et quand il prétend qu'elle lui sert à devenir célèbre et désirable, personne n'est dupe. Il se drogue, fait la fête, accumule les conquêtes, voyage en permanence pour alimenter son œuvre, et non l'inverse. Il appartient à la culture white-trash

et joue avec les codes du chroniqueur mondain pour faire passer ce qu'il y a de pire en lui, autour de lui. Coucher avec des pétasses, complètement coké, dans les chiottes d'une boîte de province, par exemple. Suit une liste de noms bling-bling, plus ou moins célèbres, plus ou moins chics. Il n'hésite pas à citer Jean-Jacques Schuhl (qu'il vénère) à côté du prince Albert de Monaco, lors d'une quelconque inauguration de n'importe quel restaurant à la mode. Des personnages viennent illuminer son quotidien, comme Sandra, la Pétasse Inconnue, au franc-parler légendaire. Il reprend in extenso certaines de ses phrases et institue une nouvelle langue, le Pétassais. « En Pétassais, il y a des variantes pour exprimer une nuit d'amour réussie : sodomisée, c'est juste le prénom. » La force de *L'Égoïste romantique* vient de cette exigence de réalisme : il faut que « ce qui est écrit soit relié à un fait réel ». L'auteur ne nous raconte pas d'histoire et ne se donne pas le meilleur rôle. Il se décrit comme il se représente. « Je suis le Casanova du groupe Prisma. » Mais ce n'est pas vrai, il est beaucoup mieux que ça.
Être un clubber (à opposer au teuffer) ne signifie pas nécessairement être frivole. Frédéric Beigbeder

aime « se prendre la tête ». Pas seulement dans la vie, en littérature aussi. Houellebecq a qualifié ainsi son œuvre : « autofiction prospective ». Il fait de l'anticipation sans science-fiction. La schizophrénie le pousse à se juger de l'extérieur : « j'alterne » entre être ringard et à la mode. Pourtant, il appartient bien à cette catégorie d'écrivains que l'on désigne comme branchés. Trop sévère avec lui-même ou illustration de la théorie du « héros manqué » ? L'amour est au cœur de ses préoccupations, c'est un objectif impossible à atteindre. Tantôt il redoute la panne sexuelle (le sexe réduit comme une « Knachi Herta »), tantôt il s'enferme dans ce que Stendhal appelle la cristallisation – inventer la personne que l'on aime avant de la connaître. Cette dernière méthode serait la meilleure définition de l'écriture : Frédéric Beigbeder a inventé ses amis et ses amantes avant de les connaître – de les voir apparaître – dans la vie. Jean-Georges est Jean-Yves, Pénélope est Priscilla… *L'Égoïste romantique* est un véritable journal d'écrivain car il contient en substance les germes des romans à venir. Publié (écrit au fur et à mesure) dans *VSD* entre 2000 et 2002, il aborde les thèmes des deux prochains livres : le

11 septembre 2001 qui deviendra *Windows on the World* (Grasset, 2003) et les premières descriptions de Moscou qui nourriront *Au Secours Pardon* (Grasset, 2007). Les références littéraires sont subjectives : en adorateur de Pauline Réage, Frédéric Beigbeder projette d'écrire un roman intitulé *Histoire d'A* (titre d'un des chapitres). Verra-t-il le jour ? Situation paradoxale pour ce « nuitard effaré ». L'une de ses activités favorites est de faire le DJ dans les soirées et clubs tendance. Les play-lists qu'il passe en force (de Michael Jackson à Nirvana) sont l'équivalent des listes d'écrivains qu'il dresse de manière arbitraire. Il est également un grand critique littéraire, méchant et juste.

Vouloir être heureux, sans en avoir le courage. À l'éloge de la lâcheté s'ajoute cette épuisante quête de l'hédonisme. « Je critique ma propre vie sans rien faire pour la changer. » L'œuvre fragmentaire lui sied à merveille. Un esprit complexe, en incessante contradiction, qui mène la campagne électorale de Robert Hue pendant qu'il se soumet à l'impitoyable « test de célébrité » du Costes. Sa sexualité est aussi ambivalente, il se vit comme un pédé qui ne couche qu'avec des filles. Il accepte d'animer une émission de télé alors qu'il ne rêve que d'îles paradisiaques, avec livres et festivités à volonté. Après s'être pris une grosse murge avec Jean-Roch au VIP, il se rend vaillamment à un salon littéraire (faire le « voyageur-représentant-placier » de ses livres) et discute avec Emmanuel Carrère ou Antoine Gallimard. Le prix à payer pour écrire est de souffrir, il le refuse en partie en ne laissant jamais la tristesse faire surface (dès que le bad point le bout de son nez, il avale toutes sortes d'anti-dépresseurs). Pour être politique, il dénonce la lutte des classes au sein des boîtes de nuit (passer de la boîte elle-même au carré VIP puis au bureau du patron). Il est fragile et féroce à la fois, avec les autres comme avec lui-même. Il se décrit parfois comme un « vrai rebelle trash hard-core néopunk », se ravise ensuite pour se minorer une fois de plus. Alors il n'est plus qu'un bourgeois qui cherche à s'encanailler. Ses lectures confirment pourtant qu'il appartient au « noctambulisme trash » de la littérature, celui de Proust et de Bret Easton Ellis. C'est évidemment un enfant gâté, à qui tout réussit, mais il est aussi capable d'une grande générosité. Dans plusieurs livres (Angot, Fargues ou Jaccard), il est un personnage de roman. L'équation pourrait se résoudre ici, à cet endroit : le Frédéric Beigbeder qui fait le pitre est un double médiatique, fonctionnant selon le principe du double romanesque. Quelle différence entre la fiction des médias et celle que l'on explore en littérature ? Il existe plusieurs Frédéric Beigbeder : le personnage médiatique, le personnage de roman et l'écrivain. La phrase qui exprime le mieux cette dernière posture est celle de Valery Larbaud, qu'il a choisi comme épitaphe : « Bonsoir, les choses d'ici-bas. »

Angie David

Au Secours Pardon
Grasset, 2007

Qui ne connaît pas monsieur Beigbeder ? Mais si, vous savez bien… ce grand garçon dégingandé, à mi-chemin entre Jésus-Christ relooké par Mel Gibson et John Lennon version Yoko Ono… Les cheveux d'une fille, la barbe du héros grec – Ulysse, le plus malin d'entre eux –, un certain air détaché de tout, comme s'il en était enfin revenu. Revenu

d'où, grand Dieu ? Mais de là-bas, bien sûr, de chez les gens célèbres, c'est là que vous l'avez connu, souvenez-vous…. la télévision, les journaux à scandale, les rumeurs, les paillettes… Beigbeder Frédéric, animal médiatique !
Oui je l'avoue, c'est là que je l'ai rencontré pour la toute première fois. À l'époque il sortait un livre à La Table Ronde, maison ô combien prestigieuse qui abrita les Blondin, Nimier, Laurent et autres hussards. J'ai lu Blondin, Nimier, Laurent mais pas le premier ouvrage de Frédéric Beigbeder, *Mémoires d'un jeune homme dérangé*. Me pardonnera-t-il ? Maintenant qu'il n'est plus si jeune mais tout aussi dérangé…
Ainsi donc, un roman, la reconnaissance de ses pairs, la célébrité, la provocation, un maître mot : exister… Nous l'avons connu tout nu. Au Caca's Club. Nous l'avons suivi très sérieux. Sur Canal Plus. Nous l'avons découvert si professionnel. Chez Flammarion. Nous l'avons adoré critique littéraire. Dans *Voici*. Nous l'avons retrouvé poursuivi. Toujours dans *Voici*. Aujourd'hui nous le croisons au cinéma. Pardon, ce n'est pas lui, il a juste écrit le film et par un mimétisme étonnant, l'acteur lui

ressemble comme deux gouttes d'eau. Frappant ! Bien, Frédéric Beigbeder, est-ce donc seulement cela ? Un histrion des plateaux télévisés qui publie des livres comme on décide d'une campagne de publicité ? N'en étant pas intimement persuadée, j'ai voulu à mon tour essayer Beigbeder. Et j'ai lu *Au Secours Pardon*. Parce que c'était le dernier, parce que c'était l'été, parce que je pensais que c'était léger. Et j'ai aimé… j'ai aimé… celui dont on parle si peu… L'écrivain.

Un monde d'artifice, de papier glacé et de poupées gonflées. Une marque de cosmétiques veut se refaire une santé morale. Il faut une femme pour une nouvelle image. Notre héros est scout. Il se nomme Octave Parango. Qui est Octave ? Le double de Frédéric. Qu'est-ce qu'un scout ? Celui qui trouve la poupée qui incarnera l'idée puis l'idéal. Octave Parango trimbale son mal-être dans les rues froides de Moscou. Crise de la quarantaine. Il cherche Natacha, Tatiana ou Irina. Une Slave, c'est toute la pureté du monde, un petit côté aryen – Ève était pure, blanche et virginale, dixit la Bible. Blonde, les pommettes hautes, une bouche en bouton de rose, la peau transparente. Relookée par Botticelli, cela donne *La Naissance d'Aphrodite.*

Sur les pas d'Octave dans sa quête de la Toison d'Or… de préférence tchétchène. Le symbolisme est meilleur : un peuple se lève et affirme son indépendance vis-à-vis d'une nation toute-puissante. Et vive la liberté ! Même les babouchkas savent crier *freedom* ! Elles sont légion, les jolies filles dans les pays de l'Est, et prêtes à tout pour boire un Coca-Cola in situ. La tâche semble aisée pour Octave Parango.

Petit retour en arrière, Octave aurait dit flash-back. Du temps de sa jeunesse échevelée et encore imberbe, Octave hantait la rue Daru en compagnie d'un séminariste russe, futur pope. Nous ne nous appesantirons pas sur le schisme de 1054 et les différends entre catholiques et orthodoxes, toujours est-il que, dans les années 90 à Paris, Octave Parango avait un copain pope. Ils fréquentaient la même épicerie russe et partageaient vodka, caviar et une jolie serveuse au charme caucasien. Comment s'appelait-elle déjà ? Olga, oui, Olga, c'est cela.

Près de vingt ans après, Octave retrouve son séminariste. Pope de la grande Église orthodoxe.

En charge de la cathédrale du Christ-Sauveur de Moscou. Il a bien réussi, le pope, et il est heureux d'aider Octave. Une jeune fille susceptible d'incarner la femme occidentale de demain… le pope en connaît une, c'est certain. Charmante, impertinente, innocente, Lena, Lena Doytcheva.
Rendez-vous est pris. Et Octave croise le regard trouble d'une adolescente à peine pubère. Elle a quatorze ans, lui quarante. Il tombe amoureux. Profondément. Cette petite avec son air de ne pas y toucher. Il la toucherait bien Octave, mais il est terriblement épris. Non, il la regarde, il la contemple, il acquiesce à ses moindres désirs. Et elle en fait, des caprices, la sale gamine.
Octave voit la pureté. Lena ne connaît pas la signification du mot vice. Octave voit la beauté. Lena entend le succès. Octave voudrait aimer. Lena décide de s'amuser. Octave est dépassé. Octave est enchanté. Octave bénit le hasard, la chance, pas si loin du bonheur. Et si c'était vrai, s'il y avait autre chose que les magazines de papier glacé avec des filles dorées à l'intérieur. Octave regarde Lena, elle lui ressemble, ce même menton volontaire, ce même flegme. Il se pourrait bien qu'Octave ait enfin

trouvé son double, cette autre partie de lui-même comme au temps jadis chanté par Platon, quand l'homme et la femme ne faisaient qu'un seul et même être originel.

Mais Lena ne voit pas les choses ainsi. Le bonheur ne l'intéresse pas, elle est jeune, elle est belle, elle veut rire et voir le monde. Un mafioso russe l'emmène à Courchevel, il lui raconte Saint-Tropez, New York, Los Angeles et Octave perd Lena.

C'en est fini de la perfection, du retour au jardin d'Éden. Et c'est tout cela qu'Octave raconte au pope en ce matin d'automne dans la cathédrale du Christ-Sauveur de Moscou…

Mais qu'a bien pu dire le pope pour qu'Octave s'en prenne au monde et décide de le détruire ? Quel terrible secret l'envoyé de Dieu a-t-il révélé au faiseur de poupées gonflées ? Cela, personne ne le saura jamais. Car personne ne parlera. La confession a trop tardé. Obsolète dorénavant. C'est de l'ordre du fait d'hiver pardon d'automne. Et bientôt la mode ne sera plus aux filles de l'Est mais aux Latines, aux pulpeuses brunes et l'on enverra des scouts dans les favelas pour dénicher la nouvelle image d'une multinationale aux capitaux douteux !

Alors Octave Parango et son éthique défaillante… quelle importance…
Octave Parango, Frédéric Beigbeder, les deux côtés d'une même icône qui se veut brillante, mais ne serait-il pas temps de glisser vers les ombres bienveillantes et de s'arrêter enfin sur l'écriture d'un homme de grand talent ? Frédéric Beigbeder, écrivain.

Stéphanie des Horts

CHRONOLOGIE

21 septembre 1965 : naissance à Neuilly-sur-Seine de Frédéric, Jean, Marie, Bertrand, Marc, Christophe Beigbeder.

Scolarité à l'école Bossuet et dans les lycées Montaigne et Louis-le-Grand (Paris).

Fondateur et Président du Caca's Club (1984-1994).

1987 : diplômé de l'Institut d'études politiques de Paris.

1990 : premier roman : *Mémoires d'un jeune homme dérangé*, La Table Ronde.

1991 : débute sa carrière dans la publicité en tant que « créatif », agence CLMBBDO puis TBWA.

1992 : première émission, sur MCM, « La Dolce Beigbeder ». Présente ensuite « Post Nonante » sur Canal Jimmy.

1992 : critique littéraire dans les magazines *Globe*, *Elle* et *Le Figaro littéraire.* Il fait aussi partie de l'équipe du « Masque et la Plume » (France Inter).

1992 : fondateur et rédacteur en chef du magazine *Généreux.*

1993 : fondateur et rédacteur en chef du magazine *Deluxe.*

1994 : crée le Prix de Flore. Il en est également le secrétaire général.

1994 : *Vacances dans le coma*, Grasset (roman).

1995 : concepteur-rédacteur chez Young & Rubicam (agence de publicité). Il y reste cinq ans.

1996 : cofondateur et rédacteur en chef de la revue littéraire *NRV* (avec Arnaud Viviant et Florent Massot).

1997 : *L'amour dure trois ans*, Grasset (roman).

1997 : critique littéraire à *Voici* (jusqu'en 2005).

1997 : il rejoint l'équipe de « Rive droite/Rive gauche » (Paris Première), émission culturelle présentée par Thierry Ardisson. Il est chroniqueur littéraire aux côtés d'Élisabeth Quin, Patrice Carmouze et Philippe Tesson.

1999 : *Nouvelles sous ecstasy*, Gallimard, « L'Infini ».

2000 : *99 francs*, Grasset (roman). Premier grand succès littéraire.

2000 : il est licencié de chez Young & Rubicam, suite à la sortie de *99 francs*.

2001 : *Dernier inventaire avant liquidation*, Grasset (recueil de chroniques littéraires d'abord diffusées sur Paris Première sous le titre « Les cinquante livres du siècle »).

2001 : il anime sa propre émission littéraire, *Des livres et moi*, sur Paris Première (septembre 2001-juin 2003).

2002 : *Rester normal*, Dargaud (bande dessinée, dessins de Philippe Bertrand).

2002 : il est conseiller du candidat communiste Robert Hue lors de l'élection présidentielle. Il réalise quatre affiches de campagne : « Aidons la gauche à rester de gauche. »

2002 : sortie d'une compilation chez Warner : *La Bande originale de ma jeunesse*. Les tubes qui ont marqué sa jeunesse. Dix-neuf artistes, parmi lesquels Bronski Beat, Arnold Turboust, Orchestral Manœuvres in the Dark, New Order, Visage, The Buggles, Mikado, Flying Lezards…

Septembre-novembre 2002 : il présente « L'Hyper-show » sur Canal Plus, avec Jonathan Lambert.

2003 : *Windows on the World*, Grasset, Prix Interallié 2003 (roman).

2003-2006 : éditeur chez Flammarion. Publie vingt-cinq romans. Le premier est *Une fièvre impossible à négocier* de Lola Lafon, le dernier *L'homme qui marchait avec une balle dans la tête* de Philippe Pollet-Villard. Parmi les autres auteurs publiés, Pierre Mérot, Simon Liberati, Fernando Arrabal, Pierre Bourgeade, Guillaume Dustan et Peter Kral. Il y parraine aussi la création de la revue littéraire *Bordel* et la reprise de *L'Atelier du Roman*.

2004 : *Rester normal à Saint-Tropez*, Dargaud (bande dessinée, dessins de Philippe Bertrand).

2004 : *Je crois Moi non plus : Dialogue entre un évêque et un mécréant*, avec Monseigneur Di Falco, Calmann-Lévy (entretiens).

2005 : *L'Égoïste romantique*, Grasset, reprise augmentée du « Journal d'Oscar Dufresne » publié dans *VSD* (2000-2002).

Septembre 2005-mai 2007 : chroniqueur littéraire dans « Le Grand Journal » sur Canal Plus, émission présentée par Michel Denisot.

2007 : *Au Secours Pardon*, Grasset (roman).

2007 : sortie du film *99 francs*, réalisé par Jan Kounen, avec Jean Dujardin dans le rôle d'Octave Parango.

TABLE DES MATIÈRES

Achevé d'imprimer en octobre 2007
sur les presses de la Nouvelle Imprimerie Laballery
58500 Clamecy
Dépôt légal : octobre 2007
N° d'impression : 709270
Imprimé en France